EDITION DER MEISTERKÖCHE

OTTO KOCH

DIE 111 SCHÖNSTEN REZEPTE AUS DEM RESTAURANT »LE GOURMET«

EDITION DER MEISTERKÖCHE

OTTO KOCH

Raffinierte Ideen
Münchner Schmankerl
Grande Cuisine

Fotos von
Johann Willsberger

SÜDWEST

»Le Gourmet«: kein gestylter Tempel, sondern intimes Ambiente für große Küche, regionale Einflüsse und progressive Kochideen.

Laureen Koch, die Ehefrau, und die Speisekarten des Hauses. Für festliche Menüs schreibt Frau Koch die Karten mit der Hand.

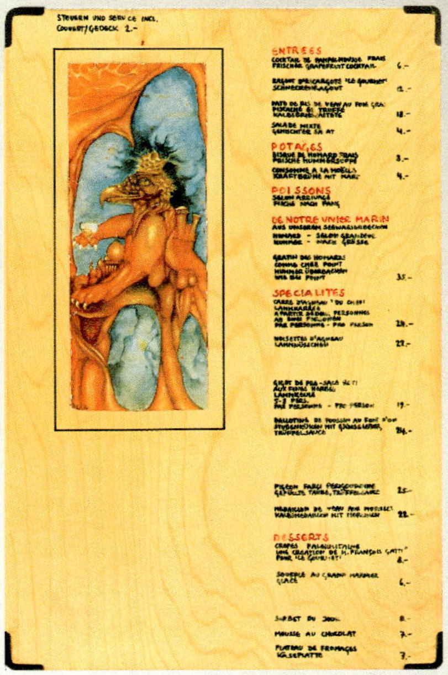

1977:
Die zweite Karte
Röllchen vom St. Petersfisch und andere Innovationen drängen die Standards zurück.

1980:
Die vierte Karte
Zwei Koch-Kabinettstückchen: Weißwürste, die mehr nach Meer schmecken, und die Prinzregententorte mit Pilzen – inzwischen moderne Klassiker.

1978:
Die dritte Karte
Zucchini-Trüffel-Salat, Semmelknödel-Soufflé und gefüllter Ochsenschwanz begeistern die Gäste.

1975:
Die erste Karte
Eine Mischung aus traditionellen Gerichten wie Ente aus der Presse und Kutteln in Champagner. Dazwischen aber schon Bonito-Tatar.

1984:
Die fünfte Karte
Außen Koch & Koch, innen Hirsch mit Ingwer-Schokoladen-Sauce, Seestern vom Lachs und Tintenfischterrine.

Apfel Aal Aceto Alge Ananas Anchovis Aprikose
Armagnac Artischocke Aubergine Auster Avocado
Banane Basilikum Birne Blätterteig Blumenkohl Bohne
Brennessel Bries Broccoli Brösel Brombeere Brunnenkresse
Butter Caviar Champagner Champignon Chicorée Chili
Creme Curry Daurade Dill Egli Ei Endivie Ente Erbse
Erdbeere Essig Estragon Fasan Feige Feldsalat Fenchel
Forelle Frischling Gänsestopfleber Garnele Glattbutt
Granatapfel Grieß Gurke Hase Haxe Hecht Himbeere
Hirn Hirsch Holunderblüte Honig Hopfensprosse Huchen
Huhn Hummer Ingwer Innereien Jakobsmuschel Joghurt
Kabeljau Käse Kalb Kaninchen Kapaun Kapern
Kapuzinerkresse Karotte Karpfen Kartoffel Kerbel Kirsche
Knoblauch Kohlrabi Koriander Krabbe Kraut Krebs Kürbis
Kutteln Lachs Lamm Languste Lauch Leber **LE GOURMET**
Linse Lorbeer Lotte Loup Mais Mandarine Mandel
Mango Mangold Meerrettich Mehl Melone Miesmuschel
Milch Möwenei Mohn Morchel Muskat Niere Nudel
Ochsenschwanz Olivenöl Orange Paprika Parmesan
Passionsfrucht Perlhuhn Pesto Petersilie Pfeffer
Pfifferlinge Pfirsich Portulak Portwein Quark Radicchio
Rascasse Rebhuhn Reh Reis Reizker Renke Rhabarber
Rind Rochen Roquefort Rosine Rotkohl Rotwein
Rouget Rum Safran Sahne Salat Salbei Salz Sauerampfer
Scampi Schinken Schnecke Schnepfe Schnittlauch
Schokolade Scholle Schwarzwurzel Schwein Seeigel
Seezunge Sellerie Senf Sherry Spaghetti Spanferkel Spargel
Speck Spinat Steinbutt Steinpilz Stubenküken St. Petersfisch
Taschenkrebs Taube Tintenfisch Tomate Trauben Trüffel
Vacherin Vanille Vongole Wachtel Waller Walnuß
Weißwein Wildschwein Wirsing Xeres Ysop Zander
Zicklein Zitrone Zucchini Zucker Zunge Zwetschge Zwiebel

1988:
Die neue Karte
Comeback eines Klassikers, der Schweinshaxe in dunklem Bier. Premiere der Sankt-Peter-Nudeln. Und und und . . .

Inhalt

Große Küche

Einfache Spezialitäten

Abkürzungen:
TL = Teelöffel
EL = Eßlöffel
dl = Deziliter
cl = Zentiliter

Printed in Germany
Satz, Reproduktion und Druck: Wenschow-Franzis-Druck GmbH, München
Bindung: Conzella, München

Illustrationen Seite 142 / 143: Dieter Hanitzsch, München

Schutzumschlag: Manfred Metzger, München

ISBN 3-517-01162-2

Regionale Schmankerl

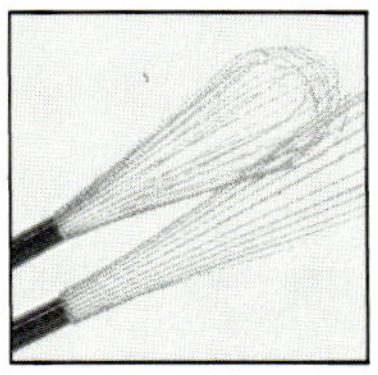

Koch-Methoden

Hommage an Freunde

Grundzubereitungen

Die kursiven Ziffern beziehen sich auf die Abbildung des jeweiligen Gerichtes.

Große Küche

Kaviar ist selbstverständlich, ob als Füllung für Œuf à la Neige oder Geschmackstupfer in der Sauce, ebenso Hummer und Trüffel. Große Küche ist bei Otto Koch kein Synonym für gepflegte Langeweile: Die Entenbrust gibt es mit Essigkirschen oder als Saftschinken, den Saibling mit Dillblüten und die Bouillabaisse im Gelee.
Ein Kapitel mit Kreationen aus 15 schöpferischen Jahren – von der Vorspeise bis zum Dessert.

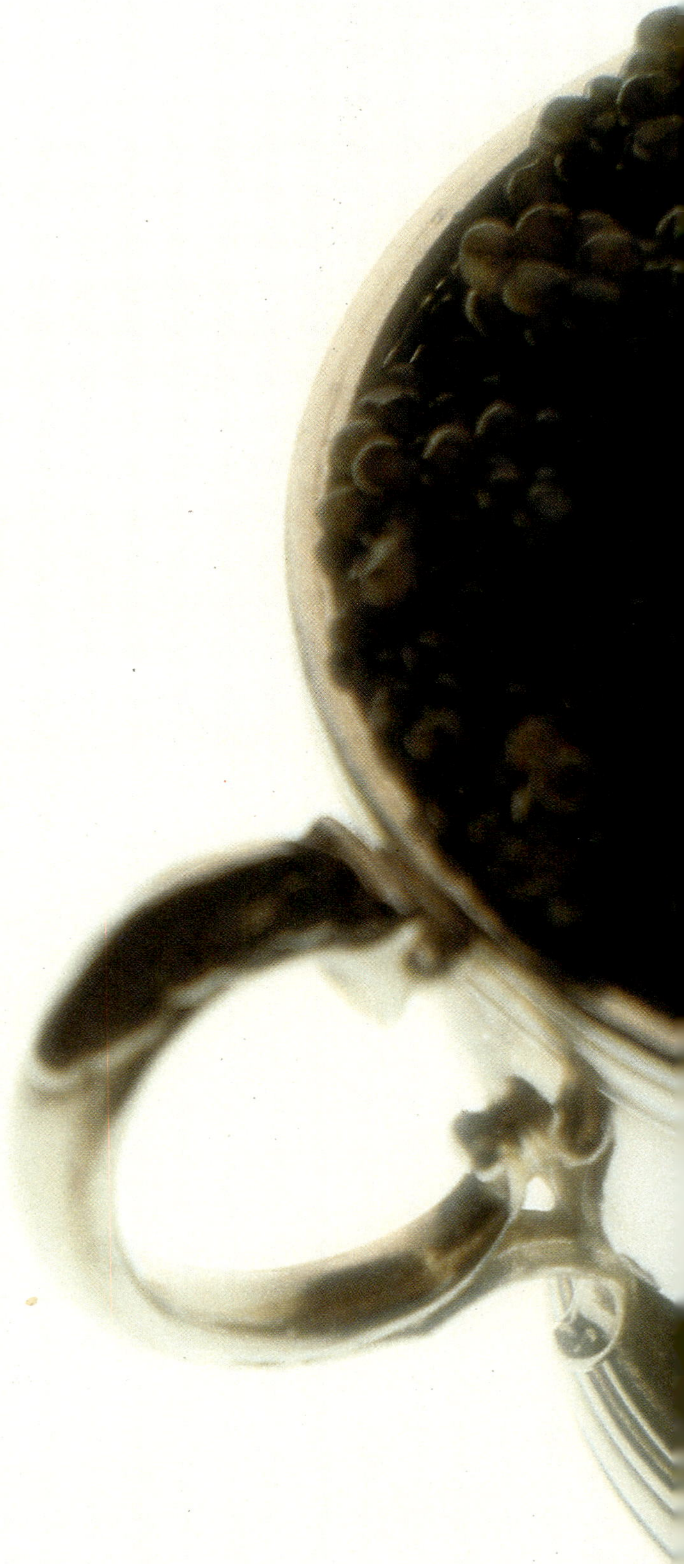

Schwarzweiße Tintenfischterrine

Rezept auf Seite 156

St. Pierre-Röllchen mit Schnittlauch-Joghurtsauce

Rezept auf Seite 156

Bonito-Tatar in der Artischocke

Rezept auf Seite 156

Carpaccio von Lachs und Jakobsmuscheln

Rezept auf Seite 157

Saftschinken
von der Entenbrust auf Kartoffel-
Morchel-Salat

Rezept auf Seite 157

Wachtel-Kirschen

Rezept auf Seite 157

Hirsch-Carpaccio mit Apfel-Selleriesalat

Entenherzen mit Gänseleberfüllung auf Wirsing

Rezepte auf Seite 158

Schinkenterrine »Le Gourmet«

Rezept auf Seite 158

Schnee-Eier mit Kaviarfüllung auf Champagnersauce

Rezept auf Seite 159

Falsche Prinzregententorte mit Madeirasauce

Schneckenragout »Surprise«

Rezepte auf Seite 159

Chartreuse vom Lachs

Terrine von Taschenkrebsen

Rezepte auf Seite 160

Rohe Gänseleber mit Avocado

Rezept auf Seite 160

Gebratene Gänseleber auf Blaukraut mit Apfelsauce

Rezept auf Seite 161

Kleine Bouillabaisse in Gelee

Rezept auf Seite 161

St. Pierre mit Sherrysauce und Zucchini

Rezept auf Seite 161

Zucchini-Trüffel-Salat mit gebratener Gänseleber

Rezept auf Seite 162

Consommé mit getrüffelten Grießnocken

Metzelsuppe mit Sahne

Rezepte auf Seite 162

Seestern von Lachs, Steinbutt und Jakobsmuscheln

Rezept auf Seite 162

Saiblingsfilet auf Dillblüten gedämpft

Hummerkrabben auf thailändische Art

Rezepte auf Seite 163

Zander-Savarin mit Krebsen

Rezept auf Seite 163

Langustinen im Erbsensud
mit schwarzen Trüffeln

Langustinen mit
Pfifferlingen auf Blutsauce

Rezepte auf Seite 164

Nudeln vom St. Pierre in Weißweinsauce mit schwarzen Trüffeln

Rezept auf Seite 164

Lachsschnitzel in Gänselebercreme mit Morcheln

Lasagne mit Räucherlachs

Rezepte auf Seite 165

Austern-Lachs-Ravioli
Lachs-Ravioli in Kerbelsauce

Rezepte auf Seite 165

Kalbsnieren und Jakobsmuscheln mit zwei Saucen

Rezept auf Seite 166

Trüffel-Tortellini
in Sahne

Hummer-Spaghetti
»Laureen«

Rezepte auf Seite 166

Fasanen-Ravioli aus Blutnudelteig mit Kresse-Sahnesauce und Kartoffelpüree

Rezept auf Seite 167

Bresse-Taube in der Schweineblase

Rezept auf Seite 167

S EN BOUTEILLE AU DOMAINE
PPELLATION VOLNAY CONTROLÉE
OLNAY
CHAMPA
AINE MARQUIS D'ANGERVILLE
-RÉCOLTANT A VOLNAY, COTE-D'OR, FRANCE

Hirschrücken mit Ingwer-Schokoladensauce und Fingernudeln

Rezept auf Seite 167

Rehpfeffer »Modern« mit Gorgonzola-Ravioli

Rezept auf Seite 168

Rehmedaillons
mit schwarzen Nüssen

Rezept auf Seite 168

Bresse-Taube auf Linsen mit Specksauce

Bresse-Taube mit Soja-Honig-Sauce mariniert

Rezepte auf Seite 169

Lammrücken mit Senfsaat

Rezept auf Seite 169

Entenbrust mit Essigkirschen, Brokkolistielen und Karotten

Rinderfilet auf gebratenem Fenchel

Rezepte auf Seite 170

Sesamkrokant-Parfait

Rezept auf Seite 170

Mango-Charlotte mit Orangensauce

Rezept auf Seite 171

Schwanensee

Rezept auf Seite 171

Crêpes »François Gatti«

Rezept auf Seite 171

Blätterteig-Pyramide

Rezept auf Seite 172

Bananensoufflé

Kaffeesoufflé mit Schokoladensplittern

Rezepte auf Seite 172

Einfache Spezialitäten

Kutteln zum Beispiel. Sie waren in Frankreichs Gastronomie immer schon selbstverständlich, als Kutelterrine mit grünem Pfeffer avancieren sie zu einem Markenzeichen des »Le Gourmet«. Ebenso wie die Scholle im Reisblatt oder das Soufflé von Schillerlocken. Drei von vielen Beweisen, daß originelle Ideen und gewitzte Kreationen mehr hermachen als teure Produkte.

Babymakrelen-Filets in Sylvaner

Rezept auf Seite 172

Preßsack vom Karpfen in der Terrine

Rezept auf Seite 173

Kalbsgekröse auf zweierlei Chips

Kutte1terrine mit grünem Pfeffer

Rezepte auf Seite 173

Kalbskopf-Taler auf Sauce Béarnaise

Kalbskopf mit Spargel und Morcheln

Rezepte auf Seite 174

Grammelknödel auf Sauerkraut

Rezept auf Seite 174

Lammhirn in Sylvanersauce

Rezept auf Seite 175

Hahnenkämme im Püreerand

Schweinenieren-Kuchen mit Grober Senfsauce

Rezepte auf Seite 175

Kutteln in Weißwein-Kümmelsauce

Andouillette in Blätterteig mit Senfsauce

Rezepte auf Seite 176

Aalrutte im Kartoffelnetz

Rezept auf Seite 176

Schollenfilet im Reisblatt gebacken

Kabeljaufilet auf Sauerkraut mit schwarzen Spätzle

Rezepte auf Seite 177

Schillerlocken-Soufflé auf Linsen

Rezept auf Seite 177

Karpfengulasch mit Paprikabutter

Rezept auf Seite 178

Gedämpfte Hähnchenbrust mit Zucchinispaghetti

Truthahnbrustspiralen mit Currysauce

Rezept auf Seite 178

Kletzeneis mit eingelegten Beeren

Crème double Caramel

Rezepte auf Seite 179

Kirschen-Dreierlei

Blutorangenterrine mit Cassissauce

Rezepte auf Seite 179

Regionale Schmankerl

Ein Schluck Weißbier aus dem Champagnerglas – was für ein Aperitif! Vor allem, wenn dazu obligatorisch eine weitere Münchner Spezialität als Amuse-gueule serviert wird: ein Grammelknödel en miniature. Reminiszenz an alte Zeiten, als das Restaurant noch »Mei Küch« hieß und nur Münchnerisches bot? Keineswegs. Sondern ein gelungener Gag am rechten Ort. Spaß beiseite: mit Leckereien wie Bratwürstel oder Leberknödel vom Lamm beweist der Bayer Otto Koch, daß weißblaue Küche keineswegs nur deftig schmeckt.

Gebackene Lammleberknödel auf warmem Radieschensalat

Krautwickel vom Lammrücken

Rezepte auf Seite 180

Glacierte Ochsengaumen mit Kalbsleber und Gemüsen

Rezept auf Seite 180

Rehbeuscherl mit gefülltem Semmelknödel

Rezept auf Seite 181

Semmelknödelsoufflé mit Steinpilzen

Rezept auf Seite 181

Lammbratwürstel mit Trüffelsauce und Lauch

Rezept auf Seite 181

Lammblutwürstel auf Kartoffelpüree

Rezept auf Seite 182

Kartoffelsuppe mit Forellenkaviar

Rezept auf Seite 182

Kraftbrühe mit Milzbiskuit

Rezept auf Seite 182

Kalbszunge mit Rotwein-Schalotten

Pfifferlingsstrudel mit Petersiliensauce

Rezepte auf Seite 183

Schweinshaxe in dunklem Bier

Rezept auf Seite 183

Gefüllter Ochsenschwanz mit jungem Knoblauch

Kalbsfuß mit Bärentatzen

Rezepte auf Seite 184

Kalbshaxe mit Steinpilzen und Linsen

Rezept auf Seite 185

Lammhaxe mit Gemüseperlen

Rezept auf Seite 185

Spanferkel mit Schalottenconfit

Rezept auf Seite 185

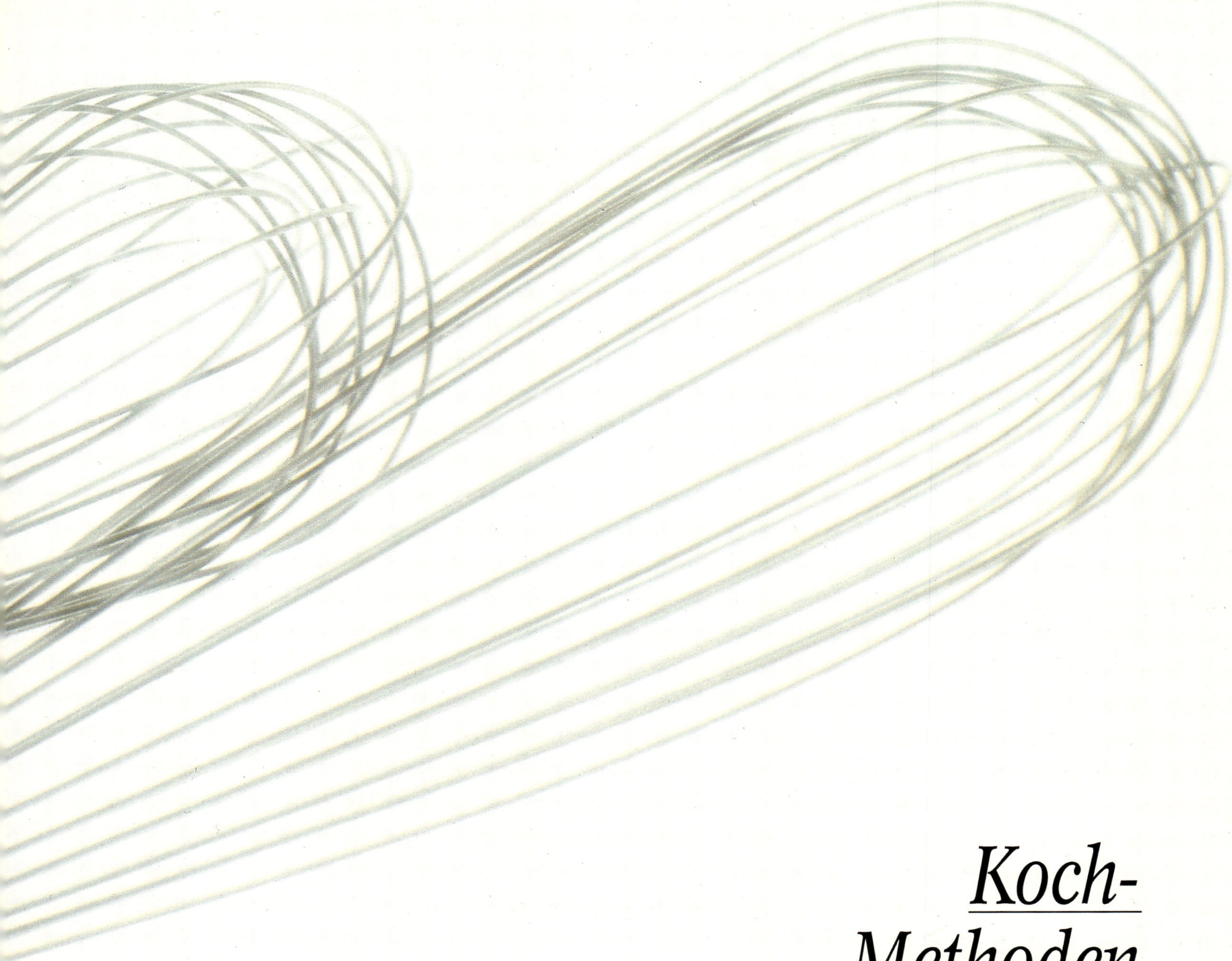

Koch-Methoden

Der Umgang mit dem Schneebesen scheint ein Kinderspiel, will aber genauso gelernt sein wie die übrigen Zubereitungs- und Gar-Methoden. Aus der Vielfalt des Möglichen erarbeitet sich jeder Profi seine typischen Vorlieben und hilfreichen Gewohnheiten. Dazu kann er Kochtechniken anderer Länder adaptieren oder neue Verfahren wie das Vakuum-Garen nützen.

Gebratene Spargelspitzen

Eine schwere Eisenpfanne, etwas Traubenkernöl und Brühe – mehr braucht man nicht, um Spargel auf aromatischste Art zuzubereiten. Die Anregung dazu lieferte die chinesische Küche, in der mit dem Wok genauso gegart wird.

Rezept auf Seite 186

Saiblingsfilet in Pergament

Die klassische Zubereitungsart im Pergamentpapier konserviert nicht nur den Eigengeschmack der Produkte, sie konzentriert ihn sogar. Und dann der Duft! Vor allem, wenn Koch ein Trüffelchen mit eingewickelt hat …

Rezepte auf Seite 186

Enten-Entchen »Le Gourmet«

Die Brüste für den Gast, die Keulen fürs Personal – das ist die klassische Aufteilung einer Ente. Bei Koch essen manche Gäste lieber die Keulen: Denn er füllt sie mit Gänseleber und formt sie zu Enten-Entchen. Mal schwimmen sie in der Sauce, mal thronen sie auf Kartoffelpüree.

Rezept auf Seite 186

Vakuum-gegarte Fasanenbrust mit Sauerkraut

Das Garen in der Vakuum-Folie kommt aus Frankreich und entfaltet auch hierzulande seine Vorzüge: Die Fasanenbrust bleibt so saftig wie sonst nie, und der Seestern ist überhaupt erst in dieser Form zu machen.

Rezepte auf Seite 187

Perlhuhnbrust im Speckmantel

Marmorbraten von der Lammkeule

Ein klassisches Gericht aus dem Burgund der »Jambon persilée«. Kochs Luxusvariante ist zwar nach dem gleichen Prinzip zubereitet, aber mit dem Fleisch aus Lammkeulen.

Rezept auf Seite 187

Niedertemperaturgaren am Beispiel Ochsenkotelett

Bereits in alten Kochbüchern wird das Garen mit niedrigen Temperaturen beschrieben, und die Amerikaner schieben schon seit Ewigkeiten ganze Rinderrücken um 10 Uhr bei 80 Grad in den Ofen, damit sie zum Abend herrlich rosa und zart sind. Lamm, Ente oder Hirsch, selbst Wildlachs läßt sich so perfekt garen.

Rezept auf Seite 188

Gratinierte Käseplatte

Koch mischt für seine Käseplatte unterschiedlich intensive Sorten (zum Teil ohne Rinde). Sie verschmelzen unter dem Salamander oder Grill zu einem geschmackvollen Eß-Erlebnis, das so manchen Käse aufwertet.

Rezepte auf Seite 188

Hommage an Freunde

Deligne

Meulien

Wie viele Ideen werden heute kopiert, geklaut, nachempfunden – warum sollten da ausgerechnet Köche eine Ausnahme machen? Kochs Kopien sind allerdings kein geistiger Diebstahl, sondern ein Dankeschön an Freunde und Vorbilder. Er widmet Paul Haeberlin, Eckart Witzigmann, Siegfried Schaber, Claude Deligne, Jean Marie Meulien und Paul Hagmann je eines ihrer Gerichte – aber à la Otto Koch.

Hagmann

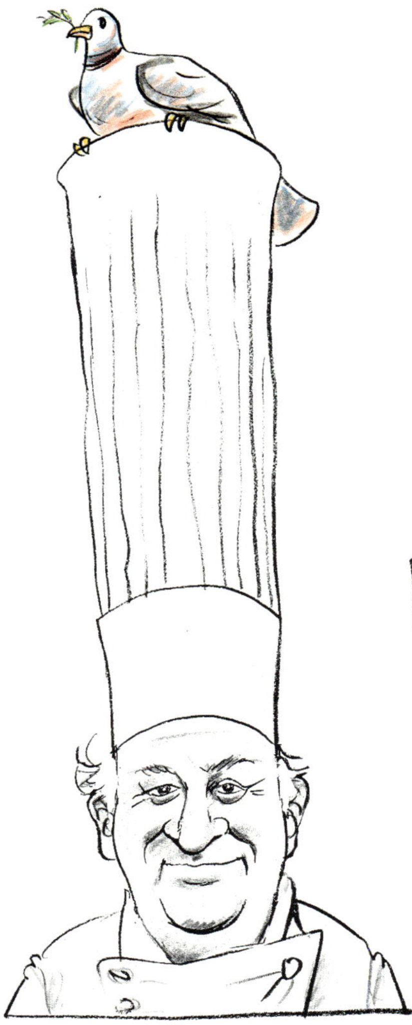

Haeberlin

Schaber

Witzigmann

Schweinsfüße mit Morcheln nach Paul Hagmann

Rezept auf Seite 188

Paul Hagmann
ist nicht nur ein perfekter Organisator, sondern den Zürchern für seine regionalen Spezialitäten bestens bekannt. Seine Kutteln mit Morcheln inspirierten Koch zu Schweinsfüßen mit Morcheln.

Pochierte Fasaneneier auf Rahmspinat nach Eckart Witzigmann

Rezept auf Seite 189

Eckart Witzigmann
und seine kulinarischen Einfälle könnten ganze Bücherregale füllen. Eine der unzähligen Ideen griff Koch als Dankeschön an seinen gastronomischen Vor- und Mitstreiter (und Freund) in München auf: Den Rahmspinat zieren jetzt schwarze Trüffel statt weißer, und das Ei ist nicht von der Wachtel, sondern vom Fasan.

Weißwurst von Meeresfrüchten nach Claude Deligne

Rezept auf Seite 189

Claude Deligne
ist Repräsentant der klassisch orientierten französischen Küche, seine »Cervelat de fruits de mer« im Pariser »Taillevent« das Vorbild für Kochs kleine Version der Münchner und des Meeres »Weißwurst«.

St. Pierre mit Sardellenfilets gespickt nach Jean Marie Meulien

Rezept auf Seite 189

Jean Marie Meulien kocht extravagant und trotzdem pur, aber mit intensiven Geschmacksnuancen. Der ehemalige Küchenchef des »L'Oasis« briet den Sankt-Petersfisch ganz und mit Lorbeer gespickt. Kochs Variante: Statt Lorbeer Anchovis.

Überbackene Lamm-koteletts nach Siegfried Schaber

Rezept auf Seite 190

Siegfried Schaber
war Lehrmeister im klassischen Sinne für Kochs heutige Trüffelsaucen. Aus dem traditionsreichen Kalbsrücken mit Pilzen überbacken wurden Lammkoteletts. Pilze inklusive.

Lammrücken in Blätterteig nach Paul Haeberlin

Rezept auf Seite 190

Paul Haeberlin
war der erste Koch, bei dem der junge Münchner mit der Grande cuisine in Berührung kam. Nicht nur die Küche, sondern auch das Ambiente der »Auberge de l'Ill« blieben für ihn ein Vorbild. Ebenso wie die Taube im Blätterteig, die er in ein Lamm verwandelte.

VORSPEISEN

Schwarzweiße Tintenfischterrine

Zehn Portionen

Abbildung Seite 12 / 13

500 g weißes Tintenfischfleisch
5 Eiweiß
200 g Sahne
Salz, Pfeffer, Muskat
10 g Tintenfischtinte (gibt es in Fünf-Gramm-Beuteln in guten Feinkostgeschäften)
Wurstdarm aus Kunststoff (vom Metzger)

Für die Sauce (Mayonnaise):
2 Eiweiß
¼ l Erdnußöl
1 TL Senf
Salz, Pfeffer
3–4 EL Schlagsahne
10 g Tintenfischtinte

Für die Garnitur:
Salat der Saison
1–2 Tintenfischarme pro Portion

Das Tintenfischfleisch zweimal durch die feine Fleischwolfscheibe drehen und in den Küchencutter geben. Langsam Eiweiß, Sahne und Gewürze einarbeiten. Die Farce abschmecken und die Menge halbieren. Eine Hälfte mit der Tinte vermischen.

Jede Farce in einen Kunststoff-Wurstdarm (Durchmesser: 6 bis 10 Zentimeter) füllen, abbinden und in 80 Grad heißem Wasser circa eine Stunde pochieren.

Für die Sauce aus dem Eiweiß und den anderen Zutaten (außer der Tinte) im Mixer eine Mayonnaise zubereiten und abschmekken. Die Menge halbieren, die eine Hälfte mit der Tinte »färben«.

Von den abgekühlten Terrinen mit einem Messer die Haut abziehen, beide in Scheiben und Viertel schneiden; je zwei weiße und zwei schwarze Viertel zu einer Scheibe zusammensetzen. Mit den beiden Saucen (siehe Foto) anrichten. Mit Salatblättern und den kurz in Salzwasser gekochten Tintenfischarmen garnieren.

VORSPEISEN

St. Pierre-Röllchen mit Schnittlauch-Joghurtsauce

Vier Portionen

Abbildung Seite 14 / 15

300 g frisches St. Pierrefilet
Salz, Pfeffer

Für die Füllung:
75 g Karotten
75 g Sellerie
75 g Lauch (nicht nur das Weiße)
50 g Schalotten
10 frische Morcheln
Olivenöl, Sherry-Essig
Salz, Pfeffer

Für die Sauce:
1 Becher Joghurt (3,5% Fett)
2 EL Schnittlauch, fein geschnitten
Salz, Pfeffer

Das Fischfilet (für dieses Rezept muß der Fisch absolut taufrisch sein) in dünne Scheiben schneiden, auf eine Plastikfolie legen, mit einer zweiten Folie abdecken und auf eine glatte, feste Unterlage legen (zum Beispiel ein schweres Küchenbrett oder ein Hackbrett). Mit einem Plattiereisen (oder einem ähnlichen geeigneten Gerät) hauchdünn und gleichmäßig »ausklopfen«; die Fischscheibe sollte dünn wie eine Folie sein.

Für die Füllung die geschälten Gemüse und die Morcheln in extrem dünne Streifen schneiden. (Wenn Sie getrocknete Morcheln nehmen, 20 Minuten in Wasser einweichen.) In eine Schüssel geben, mit Öl, Essig, Salz und Pfeffer marinieren.

Etwas von den Gemüsestreifen auf die Fischscheiben legen, aufrollen und auf weißen Tellern anrichten.

Den Joghurt mit dem Schnittlauch verrühren, mit Salz und Pfeffer abschmecken. Die St. Pierre-Rollen mit etwas Sauce nappieren.

VORSPEISEN

Bonito-Tatar in der Artischocke

Vier Portionen

Abbildung Seite 16 / 17

4 Artischocken
2 Zitronen, Salz
400 g Bonito, filetiert
1 TL Kapern, gehackt
1 EL Schalotten, fein geschnitten
1 TL Cornichons, fein gehackt
1 TL Petersilie, fein gehackt
1 TL Schnittlauch, fein geschnitten
1 TL Olivenöl
Salz, Pfeffer, Zitronensaft
300 g Tomatenwürfel

Für die Vinaigrette:
1 EL Olivenöl
1 EL Traubenkernöl
1 EL Estragonessig
½ EL Basilikum, fein geschnitten
1 EL Petersilie, fein gehackt
Salz, Pfeffer

Von den Artischocken die Stiele und die oberen Hälften abschneiden, an die Böden je eine dünne Zitronenscheibe binden, damit das Artischockenfleisch schön weiß bleibt. In Zitronen-Salzwasser kochen, bis man die Böden der Artischocken mit einer Nadel leicht durchstechen kann. Die Artischocken herausnehmen, von den Innenseiten die feinen Blätter und Haare entfernen.

Das Bonitofilet mit einem scharfen Messer in feine Würfel schneiden. Damit das Tatar schön locker bleibt, sollte man den Fisch nicht hacken. Die Bonitowürfel mit Kapern, Schalotten, Cornichons, Petersilie, Schnittlauch und Öl vorsichtig mischen. Mit Salz, Pfeffer und Zitronensaft abschmecken.

Die Zutaten für die Vinaigrette verrühren, abschmecken und mit den Tomatenwürfeln mischen.

Das Bonito-Tatar in die gekochten Artischocken füllen und mit den Tomatenwürfeln anrichten.

Carpaccio von Lachs und Jakobsmuscheln

Sechs Portionen

Abbildung Seite 16 / 17

1 Scheibe Lachs, 15 × 10 cm, 1 cm dick
4 große, sehr frische Jakobsmuschelnüsse
Dünne Plastikfolie
Olivenöl, Zitronensaft
Salz, Pfeffer

Für die Garnitur:
Salate der Saison – zum Beispiel Lollo rosso, Frisée, Portulak, Eichblatt – mit einer Vinaigrette aus Olivenöl, Traubenkernöl, Estragonessig, Schnittlauch, Salz und Pfeffer

Die Lachsscheibe auf die Folie legen und an einer Längsseite die Jakobsmuscheln eng aneinandergereiht auflegen. Zuerst die Lachsscheibe einrollen, dann die Rolle in die Folie einschlagen und fest zusammendrehen. Für zwei Stunden in den Tiefkühler stellen.
Wenn die Rolle fest geworden ist, mit der Aufschnittmaschine in hauchdünne Scheiben schneiden und auf eiskalten Tellern anrichten. Olivenöl, Zitronensaft, Salz und Pfeffer mischen. Die Scheiben mit dieser Marinade bestreichen. Mit den Saisonsalaten garnieren.

Saftschinken von der Entenbrust auf Kartoffel-Morchel-Salat

Zehn Menü-Portionen

Abbildung Seite 18 / 19

7 Barberie-Entenbrüste, ca. 180 g pro Stück
1 Päckchen Aspikpulver oder 10 Blatt Gelatine

Für die Marinade (Pökellake):
3 l Wasser
200 g Pökelsalz
100 g Sellerie, fein gewürfelt
100 g Karotten, fein gewürfelt
100 g Lauch, in dünnen Scheiben
100 g Zwiebel, fein gewürfelt
5 Wacholderbeeren, zerdrückt
10 schwarze Pfefferkörner, zerdrückt
3 Lorbeerblätter
3 Knoblauchzehen, zerdrückt
2 Thymianzweige
2 Rosmarinzweige

Für den Salat:
2 kg Salatkartoffeln
1 dl heller Fond vom Geflügel (siehe Seite 191)
3–4 Schalotten, fein gehackt
Kräuteressig, Erdnußöl
Salz, Pfeffer
50 mittelgroße Morcheln
40 g Butter
3 Schalotten, fein gehackt
Schnittlauch

Für die Marinade das Wasser mit allen Zutaten kurz aufkochen und kalt werden lassen. Die Entenbrüste enthäuten und für fünf Tage in den Sud einlegen.
In einer länglichen großen Form den Boden mit einer Schicht Entenbrüste auslegen, mit Aspikpulver bestreuen (oder mit der kurz eingeweichten Blattgelatine belegen) und die nächste Schicht darauflegen, wieder mit Aspik bestreuen und so fortfahren, bis alle Entenbrüste eingeschichtet sind.
Darauf achten, daß Aspikpulver beziehungsweise Gelatine gleichmäßig verteilt sind. Die Entenbrust-Schichtung mit einem passenden Brett abdecken und mit einem 1-Kilo-Gewicht beschweren. In ein Wasserbad stellen und bei 90 Grad eineinhalb Stunden pochieren. Mit dem Gewicht beschwert im Kühlschrank über Nacht auskühlen lassen. Am nächsten Tag den »Schinken« aus der Form nehmen und aufschneiden.
Für den Salat die Kartoffeln kochen, schälen und in Scheiben schneiden. Aus Brühe, Schalotten, Essig, Öl, Salz und Pfeffer eine Sauce rühren, damit die Kartoffelscheiben übergießen.
Für die Morcheln die Schalotten in Butter glasig dünsten, die gut gewaschenen Pilze dazugeben und kurz anschwenken.
Die Entenschinken-Scheiben auf Tellern anrichten, den noch lauwarmen Kartoffelsalat dazugeben, mit Morcheln und Schnittlauch garnieren.

Wachtel-Kirschen

Vier Portionen

Abbildung Seite 20 / 21

16 Wachtelkeulen
Salz, Pfeffer
1/3 l brauner Fond, ungesalzen (siehe Seite 191)
16 Weißbrotringe, aus Toastbrotscheiben ausgestochen; Durchmesser außen 5 cm, innen 2 cm
Butter zum Braten

Mit einem kleinen spitzen Küchenmesser aus den Wachtelkeulen die Oberschenkelknochen vorsichtig auslösen. Auf Mitte des Unterschenkels einen Schnitt rund um den Knochen machen, den unteren Teil mit dem Messer wegdrücken beziehungsweise -schneiden, den ausgelösten Teil der Keule nach oben klappen und das Fleisch soweit wie möglich nach unten ziehen. Dabei kommt der Unterschenkelknochen ganz zum Vorschein, er ist der »Stiel« der Wachtel-Kirsche.
Die locker zu Kirschen geformten Keulen einzeln auf 10 × 10 Zentimeter große Alufolien-Stücke legen, würzen und einrollen. Die Enden fest zusammendrehen, damit die »Kirschen« gut zusammengepreßt werden. In siedendem Wasser etwa zehn Minuten pochieren und abkühlen lassen.
Den braunen Kalbsfond um die Hälfte einkochen, er muß wie eine dicke Sauce sein. Auskühlen lassen und kurz bevor der reduzierte Fond beginnt, fest zu werden, die aus der Folie gewickelten Keulen kurz eintauchen. Auf einem Gitter kalt stellen und nach fünf Minuten den Vorgang wiederholen.
Die Weißbrotringe in Butter braten, auf einer Stoff- oder Papierserviette anrichten und auf jeden Ring eine Wachtel-Kirsche stellen.

Hirsch-Carpaccio mit Apfel-Selleriesalat

Vier Portionen

Abbildung Seite 20 / 21

300 g Hirschrücken, ausgelöst und sorgfältig pariert

Für die Marinade:
2 TL Traubenkernöl
1 TL Walnußöl
Saft einer halben Zitrone
Salz, Pfeffer

Für den Salat:
2 mittelgroße Äpfel
1 kleine Sellerieknolle
Saft von einer Zitrone
70 g Joghurt
40 g Crème fraîche
Zucker, Salz, Pfeffer

Für die Garnitur:
4 Blätter Eichblattsalat
10 Walnüsse, geschält und gehackt
20 Wacholderbeeren

Den Hirschrücken fest in Klarsichtfolie rollen und in den Tiefkühler legen. Wenn das Fleisch gerade fest geworden ist (nach circa 40 Minuten), herausnehmen und mit der Aufschnittmaschine hauchdünn aufschneiden.
Die Zutaten für die Marinade verrühren und abschmecken.
Für den Salat Äpfel und Sellerieknolle schälen. Beides in sehr feine Streifen schneiden und mit Zitronensaft beträufeln, damit Äpfel und Sellerie nicht schwarz werden. Joghurt und Crème fraîche verrühren, mit Zucker, Salz und Pfeffer abschmecken. Mit den Apfel- und Selleriestreifen mischen.
In Tellermitte ein Salatblatt legen und darauf die Apfel-Selleriemischung anrichten. Mit dem Hirschfilet umlegen und die dünnen Scheiben mit etwas Marinade bestreichen. Mit den gehackten Walnüssen und Wacholderbeeren garnieren.

Entenherzen mit Gänseleberfüllung auf Wirsing

Vier Portionen

Abbildung Seite 20 / 21

24 frische Entenherzen
120 g frische rohe Gänseleber
Salz, Pfeffer
Butter zum Braten

Für die Sauce:
¼ l brauner Fond (siehe Seite 191)
1 EL Trüffelsaft (Dose)
Trockener Madeira
35 g Butter
1 EL schwarze Trüffelwürfel

Für den Wirsing:
250 g helle Wirsingblätter
Butter zum Anschwitzen
⅛ l heller Fond vom Geflügel (siehe Seite 191)
¼ l Sahne

Die Entenherzen säubern und kleine Gänseleberstifte in die Öffnungen stecken. Salzen, pfeffern und in Butter leicht braten (circa zwei Minuten); die Herzen sollen innen rosa bleiben.
Für die Sauce den Fond um die Hälfte einkochen, Madeira und Trüffelsaft dazugeben und abschmecken. Mit der Butter aufmontieren und vor dem Anrichten die Trüffelstücke in die Sauce rühren.
Die Wirsingblätter in Quadrate (2 × 2 Zentimeter) schneiden und in Butter andünsten. Nach einigen Minuten mit der Geflügelbrühe ablöschen und mit der Sahne auffüllen. Unter gelegentlichem Rühren einkochen. Wenn der Wirsing weich ist, sollten Sahne und Brühe eingekocht sein.
Den Wirsing in Tellermitte anrichten, darauf die gebratenen Entenherzen verteilen und mit der Trüffelsauce übergießen.

Schinkenterrine »Le Gourmet«

Für eine Terrine

Abbildung Seite 22 / 23

500 g gepökeltes, mageres Schweinefleisch, zum Beispiel Schnitzelfleisch
2 Eier
100 g kaltgepreßtes Olivenöl
150 g Traubenkernöl
100 g Walnußöl
200 g geschlagene Sahne
Cognac, Pfeffer
12 große Artischockenböden, frisch gekocht
2 schwarze Trüffeln à 50 g, in dünne Scheiben geschnitten

Für das Gelee:
½ l kräftige, klare Brühe
4–5 Blatt Gelatine
Trockener Madeira

Für die Garnitur:
Salate der Saison
1–2 EL Vinaigrette (siehe Seite 191)
Kapuzinerkresseblüten

Das Schweinefleisch zweimal durch die feine Scheibe des Fleischwolfs drehen, in einen hochtourigen Küchencutter geben und einige Sekunden auf Höchstgeschwindigkeit laufen lassen. Langsam die Eier, die verschiedenen Öle und zum Schluß die Sahne dazugeben. Die Masse mit Cognac und Pfeffer abschmecken, sie muß vollkommen glatt und homogen sein.
Eine große Terrinenform (Inhalt: circa zwei Liter; etwa 16 Portionen) mit dünner Klarsichtfolie auslegen und die Enden überstehen lassen. Die Schinkenfarce einen Zentimeter dick in die Form einstreichen, mit Artischockenböden belegen, mit Farce bedecken, mit Trüffelscheiben belegen und wieder mit Farce bedecken. Die Schichten abwechselnd einfüllen, bis die Terrine gefüllt ist. Glatt streichen und mit der überstehenden Klarsichtfolie abdecken. In ein 80-Grad-Wasserbad stellen, 80 Minuten pochieren und über Nacht auskühlen lassen.
Für das Gelee die Brühe erwärmen und die eingeweichte Gelatine hineingeben. Die Anzahl der Blätter richtet sich nach der Brühe, die im kalten Zustand schon möglichst stark gelieren sollte. Ist die kalte Brühe noch flüssig, brauchen Sie ein paar Gelatine-Blätter mehr. Mit einem Schuß Madeira abschmekken und gut auskühlen lassen.
Einige Salatblätter mit der Vinaigrette marinieren und auf Tellern verteilen. Die Terrine aufschneiden, eine Scheibe zum Salat legen und mit dem in Würfel geschnittenen Gelee anrichten.

Schnee-Eier mit Kaviarfüllung auf Champagnersauce

Vier Portionen

Abbildung Seite 24/25

¼ l Fischfond (Grundrezept siehe Seite 191)
Salz, Pfeffer
8 Eiweiß
1 l Fisch- oder Gemüsefond zum Pochieren (siehe Seite 191)
100 g Beluga oder Sevruga Malossol Kaviar

Für die Sauce:
¼ l Weißweinsauce (siehe Seite 191)
0,2 l trockener Champagner
30 g Butter
0,1 l geschlagene Sahne

Den Fischfond um zwei Drittel einkochen, mit Salz und Pfeffer kräftig abschmecken und etwas abkühlen lassen.
Die Eiweiß zu festem Schnee schlagen. Langsam und unter ständigem Rühren den reduzierten Fischfond in den Eischnee geben. Nur so viel Flüssigkeit zugeben, daß der Schnee Geschmack bekommt, aber seine feste Konsistenz nicht verliert.
Den Fond zum Pochieren in einen flachen Topf (Reine) mit Deckel gießen und aufkochen. Die Hitze reduzieren. Mit einem großen Suppenlöffel die Schnee-Eier formen, in den heißen Fond legen und zehn Minuten ziehen lassen. Die Eier vorsichtig aus dem Topf nehmen, auf eine glatte Fläche legen und mit einem scharfen Messer halbieren. Die Hälften mit einem Mokkalöffel vorsichtig aushöhlen, mit Kaviar füllen und wieder zusammensetzen.
Die Fischsauce mit dem Champagner um die Hälfte einkochen und mit der Butter aufmontieren. Vor dem Anrichten die geschlagene Sahne unterrühren.
Je zwei kaviargefüllte Schnee-Eier auf warmen Tellern anrichten und mit der Champagnersauce umgießen.

VORSPEISEN

Falsche Prinzregententorte mit Madeirasauce

Vier Portionen

Abbildung Seite 26/27

Für die Crêpes:
100 g Mehl
50 g zerlassene Butter
4 Eier
⅛ l Wasser
¼ l Milch
1 Prise Salz
Butter zum Ausbacken

Für die Füllung:
400 g Champignons (oder Austernpilze)
70 g Morcheln, eingeweicht und abgetropft
50 g Schalotten, fein gehackt
50 g Butter
2 EL Petersilie, fein gehackt
Salz, Pfeffer

Für die Garnitur:
8 schöne weiße Champignons
Salz, Zitrone

Für die Sauce:
¼ l brauner Kalbsfond (Grundrezept auf Seite 191)
20–60 g Butter
Madeira
1 TL schwarze Trüffelwürfel

Die Zutaten für die Crêpes im Mixer zu einem Teig verarbeiten. In einer Pfanne mit Butter sehr dünne Crêpes ausbacken.
Für die Füllung die Pilze durch die mittlere Scheibe des Fleischwolfs drehen und auf einem Blech ausbreiten. Etwa zwei Stunden bei Zimmertemperatur stehen lassen, damit die Farbe dunkler wird; keine Zitrone oder andere Säuren verwenden, die Pilzfüllung bleibt sonst zu hell.
In einer großen Eisenpfanne die Schalotten in der Butter anschwitzen, die Pilze dazugeben und unter ständigem Rühren (mit einem Holzlöffel) garen. Den dabei gebildeten Fond fast komplett einkochen, die Petersilie dazugeben, noch einige Minuten köcheln, mit Salz und Pfeffer abschmecken.
Die Pilzmasse möglichst heiß auf die kalten Crêpes streichen und übereinander schichten. Torte, etwa acht Lagen, kalt stellen.
Mit einem kleinen Küchenmesser die Champignons für die Garnitur tournieren. In mit Salz und Zitrone gewürztem Wasser kochen.
Für die Sauce den Kalbsfond um die Hälfte einkochen und mit der Butter aufmontieren. Mit einem Spritzer Madeira würzen und abschmecken. Vor dem Anrichten die Trüffelwürfel in die Sauce rühren.
Die Torte in Stücke schneiden und im Mikrowellenherd (geht am besten) oder im Dämpfer mit Folie abgedeckt im Ofen erwärmen (etwa 10 Minuten). Die warmen Stücke mit der Sauce übergießen und mit den Champignonköpfen garnieren.

VORSPEISEN

Schneckenragout »Surprise«

Vier Portionen

Abbildung Seite 26/27

24 große Weinbergschnecken (aus der Dose)
25 g Butter
12 frische Champignons, mittelgroß und geviertelt
3 Schalotten, feingehackt
1 TL milder Curry
¼ l Weißweinsauce (siehe Seite 191)
1 EL Petersilie, gehackt
8 Schalen von großen Eiern (die rohen Eier vorsichtig »köpfen« und den Inhalt herauslaufen lassen)
2 Scheiben Blätterteig (tiefgefroren)
2 Eigelb zum Einstreichen des Teigs

In einer schweren Pfanne (Kasserolle) die Butter schmelzen, darin die Schnecken mit den Champignons und den Schalotten andünsten. Mit dem Currypulver bestäuben und mit der Weißweinsauce auffüllen. Mit dem Stabmixer die Sauce aufschlagen, bis sie schön glatt ist. Die Petersilie unterrühren und die Mischung in die Eierschalen füllen. Den Rand der Schalen mit Eigelb einstreichen. Aus dem Blätterteig acht »Deckel« ausstechen, damit die Schalen verkleben und den Teig mit Eigelb bestreichen.
In eine Pfanne eine einen Zentimeter hohe Salzschicht einstreuen, die Eier auf das Salz stellen und circa 20 Minuten auskühlen lassen. Die Eier dürfen nicht zu kalt werden, sonst gerinnt die Sauce; sie dürfen aber auch nicht zu heiß gebacken werden, weil dann die Füllung kochen würde, bevor der Blätterteig braun gebacken ist.
Die Salzpfanne mit den Schnecken-Eiern in den 250 Grad heißen Ofen stellen und circa 10 Minuten backen.
Die Eier in einem Eierbecher, auf Salz oder Alufolie anrichten.

Chartreuse vom Lachs

Vier Portionen

Abbildung Seite 28 / 29

300 g Lachsfilet ohne Haut und Gräten
1 Eiweiß
150 g Sahne
Salz, Pfeffer, Muskat
Blanchierte Gemüsestreifen, zum Beispiel Karotten, Zucchini, Steckrüben, Sellerie, Bohnen
Butter für die Formen

Für die Sauce:

500 g Fischabschnitte und Gräten von weißfleischigen Fischen
50 g Karotten, gewürfelt
50 g Lauch, gewürfelt
50 g Sellerie, gewürfelt
50 g Schalotten, gewürfelt
2 reife Tomaten, gewürfelt
½ l Wasser
¼ l trockener Weißwein
1 dl Crème double
50 g Butter
Salz, Pfeffer, Cognac

Für die Dekoration:

Trüffelscheiben
Kerbel

Das Fischfilet einmal durch die feinste Scheibe des Fleischwolfs drehen. Alle Zutaten kühlen und eiskalt in den Küchencutter geben; zuerst den Fisch, dann Eiweiß und Sahne. Zu einer leichten Farce verarbeiten. Mit Salz, Pfeffer und Muskat abschmecken. Vier Souffléformen buttern und rings um den Rand die blanchierten Gemüsestreifen »aufstellen«. Die Lachsmousse hineinfüllen, die Formen in ein 90 Grad heißes Wasserbad stellen und 30 Minuten pochieren.
Vorsichtig auf eine mit Küchenpapier ausgelegte Platte stürzen; das Papier soll den Saft, der sich beim Pochieren möglicherweise bildet, aufsaugen, damit er sich nicht mit der Sauce vermischt.
Für die Sauce die Fischabschnitte und Gräten mit den Gemüsen, dem Wasser und dem Wein aufkochen, 30 Minuten ziehen lassen und durch ein Sieb passieren. Den Fond (circa ein halber Liter) mit der Crème double um die Hälfte einkochen. Vor dem Servieren mit der kalten Butter aufmontieren (am besten mit einem Stabmixer, dann bindet die Sauce besonders gut), mit Salz, Pfeffer und einem Spritzer Cognac abschmecken.
Die Lachs-Chartreuse auf Tellern anrichten, mit Trüffelscheiben und Kerbel dekorieren.

Terrine von Taschenkrebsen

Für eine Terrine

Abbildung Seite 28 / 29

5 Taschenkrebse
500 g Zanderfilet, ohne Haut und Gräten
¼ l Sahne
3 Eiweiß
Pernod, Salz, Pfeffer
Butter für die Form

Für den Kochfond:

1 l Wasser
½ l trockener Weißwein
¼ l Fischfond (siehe Seite 191)
100 g Karotten, gewürfelt
100 g Lauch, geschnitten
100 g Sellerie, gewürfelt
100 g Schalotten, geschnitten
2 reife Tomaten, geviertelt
Etwas Walnußöl

Für die Garnitur:

Kapuzinerkresseblüten und -blätter

Wasser, Weißwein und Fischfond mit den Gemüsen aufkochen. Die Taschenkrebse hineingeben, kurz kochen und 15 Minuten ziehen lassen. Herausnehmen und mit einem schweren Messer oder Beil seitlich öffnen. Aus Krebskörpern und Scheren das Fleisch herauslösen und in einer Schüssel zugedeckt zur Seite stellen.
Die Krebspanzer klein hacken, in den Kochfond geben und 30 Minuten köcheln. Durch ein Tuch passieren und den Fond saucenähnlich einkochen. Abschmecken und vor dem Servieren mit etwas Nußöl aufschlagen (Stabmixer). Die Sauce wird zur Terrine lauwarm serviert.
Für die Terrine das Zanderfilet zweimal durch die feine Scheibe des Fleischwolfs drehen. Im Küchencutter mit der Sahne und den Eiweiß zu einer homogenen Masse verarbeiten. Achtung: Alle Zutaten müssen eiskalt sein, damit die Masse nicht gerinnt. Mit Pernod, Salz und Pfeffer abschmecken. Zum Schluß das Taschenkrebsfleisch unter die Farce heben.
Eine Terrinenform (Inhalt: ein Liter, für acht bis zehn Portionen) buttern und mit dünner Klarsichtfolie auslegen; die Folie oben überstehen lassen. Die Farce in die Terrine so einstreichen, daß keine »Luftlöcher« entstehen, und mit der überstehenden Folie abdekken. In einem 80-Grad-Wasserbad eine Stunde pochieren.
Die Terrine aus der Form nehmen, in Scheiben aufschneiden, die Sauce dazugeben und mit der Kapuzinerkresse garnieren. Lauwarm serviert schmeckt die Taschenkrebsterrine am besten.

Rohe Gänseleber mit Avocado

Vier Portionen

Abbildung Seite 30 / 31

8 Scheiben rohe Gänseleber, erstklassige Qualität
2 reife, nicht zu weiche Avocados, geschält und in Scheiben geschnitten

Für die Vinaigrette:

2 EL Olivenöl, kalt gepreßt
1 EL Traubenkernöl
1 TL Walnußöl
1 TL Sherryessig
1 EL glatte Petersilie, fein gehackt
Salz, Pfeffer

Die Gänseleber mit den Avocadoscheiben schön anrichten. Die Zutaten für die Vinaigrette verrühren und abschmecken. Leber und Avocado mit der Sauce teilweise übergießen.

Gebratene Gänseleber auf Blaukraut mit Apfelsauce

Vier Portionen

Abbildung Seite 30 / 31

8 Scheiben frische Gänseleber
Salz, Pfeffer
Geklärte Butter

Für das Blaukraut:
½ Kopf Blaukraut, fein geschnitten
⅛ l Rotwein
2 cl Rotweinessig
5 cl Orangensaft
1 Zwiebel, in feinen Scheiben
50 g Gänseschmalz
¼ l heller Fond vom Geflügel (siehe Seite 191)
Lorbeer, Wacholderbeeren, Nelke
½ Apfel, geschält
Salz, Zucker

Für die Sauce:
¼ l brauner Kalbsfond (siehe Seite 191)
3 cl Calvados
Butter
2 schöne Jonathan-Äpfel
Saft einer Zitrone, Zucker

Das Blaukraut über Nacht in Rotwein, Essig und Orangensaft marinieren. Die Zwiebelscheiben in Gänseschmalz andünsten, das Blaukraut zugeben und mehrmals umrühren. Mit der Marinade und der Geflügelbrühe auffüllen. Die Gewürze zugeben und kochen, bis das Kraut gerade fertig ist (es soll nicht zu weich werden). Zehn Minuten vor Ende der Kochzeit den Apfel unterreiben und abschmecken.
Für die Sauce den Kalbsfond mit dem Calvados um die Hälfte einkochen und mit etwas Butter montieren. Die Äpfel schälen, kugelförmig ausstechen und in Zitronen-Zuckerwasser eine Minute aufkochen. Zwei Minuten ziehen lassen.
Die Leberscheiben würzen, in einer schweren Teflonpfanne mit geklärter Butter von beiden Seiten kurz anbraten und kurz ziehen lassen. Die Leber auf dem Blaukraut anrichten und mit der Sauce umgießen. Mit den noch warmen Apfelkugeln garnieren.

Kleine Bouillabaisse in Gelee

Vier Portionen

Abbildung Seite 32 / 33

½ l Fischfond (siehe Seite 191)
30 Safranfäden
2 Eiweiß zum Klären
6 Blatt Gelatine
4 Scampischwänze, ausgelöst
80 g Steinbuttfilet, ohne Haut und Gräten
80 g Rotbarbenfilet, ohne Haut und Gräten
80 g Seezungenfilet, ohne Haut und Gräten
50 g Miesmuscheln, gekocht und ausgelöst

Für die Beilage:
2 mittelgroße Tomaten
½ Schalotte, fein gehackt
Olivenöl, Sherryessig
Salz, Pfeffer
Basilikum, fein geschnitten
8 Scheiben Weißbrot (Baguette)
Butter zum Braten
1–2 Knoblauchzehen

Den Fischfond mit den Safranfäden aufkochen, 15 Minuten ziehen und abkühlen lassen. (Sollte der Fond nicht klar sein, mit den Eiweiß klären: Dazu die Eiweiß einrühren, aufkochen und zehn Minuten ziehen lassen, die Trübstoffe setzen sich ab und können einfach abgeschöpft werden.) Die in kaltem Wasser aufgelöste und gut ausgedrückte Gelatine in den warmen Fond geben.
Die Fischfilets in Stücke schneiden und zusammen mit den Scampischwänzen drei bis vier Minuten dämpfen. Abkühlen lassen.
Den Boden von Portionsformen etwa einen halben Zentimeter hoch mit dem Gelee ausgießen und fest werden lassen. Fische, Scampi und Muscheln einschichten. Mit dem restlichen Gelee auffüllen und mindestens sechs Stunden kühlen.
Die Tomaten schälen, entkernen und das Fruchtfleisch in feine Würfel schneiden. Mit feingehackter Schalotte, Öl, Essig, Salz, Pfeffer und Basilikum anmachen.
Die Baguettescheiben in Butter braten und mit Knoblauch einreiben.
Das Bouillabaisse-Gelee stürzen, mit den Tomatenwürfeln und den Baguettescheiben anrichten.

St. Pierre mit Sherrysauce und Zucchini

Vier Portionen

Abbildung Seite 34 / 35

600 g St. Pierrefilet, ohne Haut und Gräten
Salz, Pfeffer
Butter zum Braten

Für die Sauce:
100 g Karotten, in Scheiben
100 g Sellerie, in Scheiben
100 g Lauch, in Scheiben
1 l Wasser
½ l Fischfond (siehe Seite 191)
½ l trockener Sherry
100 g kalte Butter, in kleinen Stücken
Salz, Pfeffer
Etwas geschlagene Sahne

Für die Garnitur:
2 Zucchini
Salzbutter

Für die Sauce die Gemüse mit Wasser, Fischfond und Sherry aufkochen. 30 Minuten bei flotter Hitze kochen, durch ein Tuch passieren und den Fond auf etwa 0,2 Liter einkochen. Mit dem Schneebesen oder Stabmixer die Butter nach und nach einschlagen. Mit Salz und Pfeffer abschmecken. Vor dem Servieren die geschlagene Sahne unterziehen.
Die Zucchini in Scheiben schneiden und in Olivenöl braten.
Das St. Pierrefilet salzen, pfeffern und in Butter braten, bis beide Seiten goldbraun sind.
Den Fisch auf den Zucchinischeiben anrichten und mit der Sauce umgießen.

Zucchini-Trüffel-Salat mit gebratener Gänseleber

Vier Portionen

Abbildung Seite 34 / 35

4 junge Zucchini
1 frischer Trüffel à 40 g (außerhalb der Saison aus der Dose)
Aceto Balsamico
Traubenkernöl
Salz, Pfeffer
4 Scheiben frische Gänseleber
6 cl brauner Kalbsfond (siehe Seite 191)
Trockener Madeira
25–50 g Butter für die Sauce

Von den ungeschälten Zucchini ringsum 2 Millimeter dicke Streifen abschälen und diese dann in circa 4 Zentimeter lange zündholzstarke Streifen schneiden.
Die Trüffel zuerst in Scheiben und dann in Streifen schneiden.
Essig und Öl mit Salz und Pfeffer zu einer Sauce verrühren. Die Zucchini- und Trüffelstreifen darin wenden.
Den Kalbsfond erhitzen und etwas einkochen, mit Madeira abschmecken und vor dem Servieren die Butter mit dem Schneebesen oder Stabmixer in die Sauce einschlagen.
In einer heißen, möglichst schweren Teflonpfanne die mit Salz und Pfeffer gewürzten Gänseleberscheiben kurz von beiden Seiten anbraten.
Den Salat auf lauwarmen Tellern anrichten, die Leberscheiben dazulegen und mit der Sauce nappieren.
Otto Koch: »Ich finde es faszinierend, wie gut Trüffeln und Zucchini harmonieren. Beide sind ähnlich knackig, und ihr unterschiedlicher Geschmack ergänzt sich optimal.«

Consommé mit getrüffelten Grießnocken

Vier Portionen

Abbildung Seite 36 / 37

2 l Rinderkraftbrühe (siehe Seite 191)
Trüffelsaft
Schnittlauch

Für meine Grießnocken:

90 g Butter
50 g Mie de pain (Weißbrot ohne Rinde, frisch gerieben)
1 TL Grieß
1 EL schwarze Trüffeln, fein gehackt

Für klassische Grießnocken:

3 EL Butter
3 EL Eigelb
6 EL Grieß
1 EL schwarze Trüffeln, fein gehackt

Die Zutaten für die Nocken zu einem festen Teig mischen und 15 Minuten ruhen lassen. Mit einem Löffel Nocken abstechen und in kochendes Wasser geben. Zehn Minuten ziehen lassen.
Die Rinderbrühe mit Trüffelsaft abschmekken und die Nocken in der heißen Brühe anrichten. Mit fein geschnittenem Schnittlauch garnieren.

Metzelsuppe mit Sahne

Zehn Portionen

Abbildung Seite 36 / 37

1 kg Sabodet (rohe, deftig gewürzte Schweinswurst aus Frankreich) oder Zampone (gefüllter Schweinefuß aus Italien)
1 l Sahne
Salz, Pfeffer
10 Scheiben Weißbrot
Butter
Schnittlauch

Als Metzelsuppe bezeichnete man in Bayern ursprünglich eine Suppe, die aus dem Wurstsud des Metzgers zubereitet wurde. Etwas anderes ist meine Version des traditionellen Gerichts.
Die Wurst etwa zwei Stunden in Wasser kochen, aus dem Fond nehmen und kalt werden lassen.
Zwei Liter vom Kochfond der Wurst mit der Sahne verkochen und dabei um etwa ein Drittel einkochen. Mit Salz und Pfeffer abschmecken. Mit dem Handmixer aufschlagen (»emulgieren«).
Für die Suppeneinlage das Brot in Würfel schneiden und in wenig Butter knusprig rösten. Ein Viertel der gekochten Wurst in feine Streifen schneiden.
Die Suppe auf Tellern mit Brot-Croûtons, Wurststreifen und Schnittlauch anrichten.

Seestern von Lachs, Steinbutt und Jakobsmuscheln

Vier Portionen

Abbildung Seite 38 / 39

12 Lachsfiletstreifen, ca. 15–20 g
12 Steinbuttfiletstreifen, ca. 15–20 g
4 schöne Jakobsmuschelscheiben
25 g weiche Butter
4 große, stabile Plastiktüten
Salz

Für die Sauce:

¼ l Weißweinsauce (siehe Seite 191)
25 g Butter
1 dl geschlagene Sahne

Für die Garnitur

24 kleine Brokkoliblätter
Fett zum Ausbacken der Blätter
Salz

Dieses Rezept setzt ein Vakuumiergerät voraus, sonst halten die Fischstücke nicht zusammen. Mit Druck vakuumiert verbinden sie sich während des Garprozesses zu einer Einheit.
Die Innenseiten der Plastiktüten buttern, in der Mitte jeder Tüte eine Jakobsmuschelscheibe plazieren, ringsum die Lachs- und Steinbuttstreifen abwechselnd so anordnen, daß ein Stern entsteht. Leicht salzen. Die Türen vakuumieren und in 80 Grad heißem Wasser vier Minuten pochieren.
Die Weißweinsauce aufkochen, mit der Butter aufschlagen und abschmecken. Vor dem Anrichten die geschlagene Sahne unterziehen.
Die Brokkoliblätter in heißem Fett knusprig backen, abtropfen lassen und salzen.
Die Seesterne aus den Tüten nehmen, auf Tellern anrichten, mit der Sauce übergießen und mit den Brokkoliblättern garnieren.

Saiblingsfilet auf Dillblüten gedämpft

Vier Portionen

Abbildung Seite 40 / 41

2 Saiblinge à 400–500 g
Salz, Pfeffer
Butter
10 Dillblüten, gibt es im Spätsommer, sie werden hauptsächlich zum Einlegen von Gurken verwendet

Für die Sauce:
100 g Lauch
100 g Sellerie
100 g Karotten
3 Schalotten
½ l trockener Weißwein
¼ l Crème double
Salz, Pfeffer

Für dieses Rezept sollten die Fische am Tag nach dem Schlachten verarbeitet werden. Sind die Fische zu frisch, würde sich das Filet beim Dämpfen verdrehen und brechen. Zu frische Fische haben noch zu viel Spannung; außerdem lassen sich die Gräten leichter ziehen.

Die Saiblinge ausnehmen und filetieren, mit einer Pinzette alle feinen Gräten ziehen. Die Filets leicht mit Salz und Pfeffer würzen. Auf einem gebutterten Teller die Dillblüten flach auslegen, die Filets mit der Hautseite nach oben darauf plazieren und in einem Dämpfer drei Minuten garen.

Für die Sauce Lauch, Sellerie, Karotten und Schalotten kleinschneiden, in den Wein geben und 30 Minuten kochen. Passieren und den Fond mit der Crème double zu cremiger Konsistenz einkochen. Mit Salz und Pfeffer abschmecken.

Die Saiblingsfilets auf den Dillblüten anrichten, dabei die Haut bis etwa zur Hälfte vorsichtig abziehen. Mit der Weißweinsauce umgießen.

Hummerkrabben auf thailändische Art

Vier Portionen

Abbildung Seite 40 / 41

8–12 Hummerkrabben
Salz, Pfeffer, Zitronensaft
Butter zum Anbraten
300 g Blattspinat, gewaschen und blanchiert
Butter
1 Schalotte, fein gehackt
Salz, Pfeffer
Muskat, Knoblauch

Für die Sauce:
6 Schalotten, fein gewürfelt
1 Apfel, geschält und fein gewürfelt
1 Knoblauchzehe, fein gehackt
50 g Butter
1 TL Thai-Curry-Paste
1 TL milder Curry
1 TL rote Tandooripaste
1 TL Tomyum
¼ l Fischfond (siehe Seite 191)
¼ l Sahne
Salz

Die Hummerkrabben schälen, die Därme entfernen und in Stücke schneiden. Mit Salz, Pfeffer und Zitronensaft würzen. In wenig Butter anbraten und auf Küchenkrepp abtropfen lassen.

Für die Sauce Schalotten, Apfel und Knoblauch in Butter anschwitzen, alle Gewürze dazugeben und mit dem Fischfond auffüllen. Um die Hälfte einkochen, mit der Sahne auffüllen und wieder um die Hälfte reduzieren. Mit Salz abschmecken.

Die Schalotte in Butter glasig andünsten, den Spinat dazugeben und warm schwenken. Mit Salz, Pfeffer, Muskat und Knoblauch abschmecken.

Die Hummerkrabben auf heißen Tellern kreisförmig anrichten, mit der Sauce übergießen und mit dem Blattspinat garnieren.

Zander-Savarin mit Krebsen

Vier Portionen

Abbildung Seite 42 / 43

40 lebende Krebse

Für den Sud:
5 l Wasser
1 Zwiebel, mit Lorbeer und Nelken gespickt
1 EL Kümmel
Salz, Pfeffer, Weinessig

Für den Savarin:
200 g Zanderfilet, ohne Gräten
1 Ei
200 g Sahne
Salz, Pfeffer
2 cl Pernod
Butter für die Formen

Für die Sauce:
Karkassen der 40 Krebse
1 dl Pflanzenöl zum Anbraten
50 g Selleriewürfel
50 g Karottenwürfel
50 g Schalotten, in Scheiben
2 reife Tomaten
4 cl Pernod
¼ l Fischfond (siehe Seite 191)
¼ l Sahne
1 Lorbeerblatt
1 Sternanis
50 g Butter zum Montieren

Für die Garnitur:
20 junge Lauchzwiebeln, blanchiert
Butter und Kalbsfond

Für den Krebssud das Wasser mit der Zwiebel und dem Kümmel aufkochen, mit Salz, Pfeffer und Weinessig abschmecken. Fünf Minuten kochen, die Krebse hineingeben, einmal aufkochen und fünf Minuten ziehen lassen. Das Wasser abschütten, die Krebse ausbrechen und aus den Schwänzen die Därme entfernen.

Die Karkassen der Krebse grob hacken und mit den Gemüsen (Sellerie, Karotten, Schalotten) in Öl anschwitzen. Wenn die Karkassen anfangen Farbe zu nehmen, die Tomaten dazugeben und kurz mitrösten. Mit dem Pernod flambieren. Fischfond, Sahne und Gewürze dazugeben, dreißig Minuten kochen. Durch ein feines Sieb passieren. Die Sauce mit der Butter aufschlagen.

Das Zanderfilet in dünne Scheiben schneiden, in den Küchencutter geben und mit Ei und Sahne (nach und nach zugeben) zu einer homogenen Farce verarbeiten. Mit Salz, Pfeffer und Pernod abschmecken. In vier gebutterte Savarin-Formen füllen und in ein flaches Wasserbad stellen. Mit Alufolie abdecken und im 150 Grad heißen Ofen etwa vierzig Minuten garen. Die Savarins auf warme Teller stürzen und mit den lauwarmen Krebsen belegen. Mit der Sauce umgießen und mit den Lauchzwiebeln garnieren.

Langustinen im Erbsensud mit schwarzen Trüffeln

Vier Portionen

Abbildung Seite 44 / 45

16 mittelgroße Langustinenschwänze, ausgelöst
Salz, Pfeffer
30 g Butter zum Braten
Trüffelstreifen

Für die Sauce:
100 g frische grüne Erbsen
1/8 l Fischfond (siehe Seite 191)
1/8 l Sahne
Salz, Pfeffer

Die Langustinenschwänze – beim Einkauf darauf achten, daß sie superfrisch sind – aufschneiden und den Darm entfernen. Mit Salz und Pfeffer würzen und in Butter braten, die Schwänze sollen nur leicht Farbe nehmen.
Für die Sauce die Erbsen mit dem Fischfond im Mixer sehr fein pürieren, durch ein Haarsieb passieren und mit der Sahne aufkochen. Abschmecken und vor dem Servieren mit dem Mixstab aufschlagen.
Die Langustinenschwänze auf tiefen Tellern anrichten, mit der Erbsensauce umgießen und mit Trüffelstreifen dekorieren.

Langustinen mit Pfifferlingen auf Blutsauce

Vier Portionen

Abbildung Seite 44 / 45

16 Langustinen
Salz, Pfeffer
Öl zum Braten
200 g Pfifferlinge
50 g Schalotten, fein gewürfelt
50 g Butter
Gehackte Petersilie

Für die Sauce:
1/2 l kräftiger Rotwein (Côtes-du-Rhône)
1/4 l Fischfond (siehe Seite 191)
125 g französische Salzbutter
1/8 l Rinderblut
Dijon-Senf, Salz, Pfeffer

Die Langustinen mit dem Messer halbieren, leicht würzen und in Öl scharf anbraten.
Die geputzten Pfifferlinge mit den Schalotten in einer heißen Pfanne mit Butter kurz anschwenken. Die Pilze sollen knackig bleiben und auf keinen Fall Wasser ziehen. Mit Salz, Pfeffer und Petersilie abschmecken.
Für die Sauce Rotwein und Fischfond auf flottem Feuer stark einkochen (auf circa 1,5 Deziliter). In den reduzierten Fond langsam und bei sanfter Hitze die Salzbutter in kleinen Stücken einmontieren. Mit dem Schneebesen vorsichtig gerade so viel Blut einrühren, daß die Sauce eine schöne dunkle Farbe bekommt. Nicht mehr kochen lassen, mit Senf, Salz und Pfeffer abschmecken.
Die Langustinen in Tellermitte anrichten, mit der Sauce umgießen und mit den Pfifferlingen garnieren.

Nudeln vom St. Pierre in Weißweinsauce mit schwarzen Trüffeln

Vier Portionen

Abbildung Seite 46 / 47

500 g sehr frisches St. Pierrefilet
Öl für die Folie
1/4 l Weißweinsauce (siehe Seite 191)
1 Tasse geschlagene Sahne
1 schwarze Trüffel, ca. 50 g

Die Fischfilets schräg in einen Zentimeter dicke Scheiben schneiden. Auf eine geölte Plastikfolie legen und mit einer zweiten geölten Folie abdecken. Auf ein dickes Brett legen und mit einem Plattiereisen oder Küchenbeil einen Millimeter dünn ausklopfen. In einem großen Topf Wasser auf 80 Grad erhitzen. Die dünnen Fischscheiben mit der Folie in das Wasser legen und ziehen lassen, bis der Fisch weiß geworden ist (20 bis 30 Sekunden). Sofort herausnehmen, die Folie entfernen und auf einem heißen Brett (einige Minuten unter heißes Wasser halten) den Fisch in bandnudelbreite Streifen schneiden. Die Sauce erhitzen, mit der Sahne verfeinern und abschmecken. Über die St. Pierre-Nudeln gießen und mit gehobelten schwarzen Trüffelscheiben garnieren.

Lachsschnitzel in Gänselebercreme mit Morcheln

Vier Portionen

Abbildung Seite 48 / 49

4 dünne Scheiben Lachs à 120 g
Salz, Pfeffer
Butter zum Braten
2 Schalotten, fein gewürfelt
25 g Butter
30 frische, mittelgroße Morcheln

Für die Sauce:
¼ l Fischfond (siehe Seite 191)
¼ l Sahne
100 g Gänseleberterrine

Die Schalotten in Butter glasig anziehen, die gut gewaschenen Morcheln dazugeben, kurz erhitzen, mit Salz und Pfeffer würzen. Auf ein Sieb schütteln und abtropfen lassen.
Den Fischfond mit der Sahne aufkochen, etwas einkochen, die Gänseleberterrine in kleinen Stücken dazugeben und im Mixer pürieren. Warm stellen. Die Sauce darf nicht mehr kochen, weil sie dann gerinnen würde.
Die Lachsscheiben würzen und in Butter leicht braten. Die Pfanne nicht zu heiß werden lassen, weil Lachs schnell trocken wird, wenn man ihn zu heiß brät.
Die abgetropften Morcheln in die Sauce geben und noch einmal vorsichtig erwärmen. Mit dem Stabmixer (Scheibe) schaumig aufschlagen.
Die Lachsschnitzel auf Suppentellern anrichten und mit der Sauce übergießen.

FISCHGERICHTE

Lasagne mit Räucherlachs

Vier Portionen

Abbildung Seite 48 / 49

3 Scheiben Räucherlachs, sehr dünn geschnitten
16 große Lasagne-Teigscheiben, gekocht
Butter für die Form
⅛ l Fischfond (siehe Seite 191)
⅛ l Crème double
1 TL Meerrettich, frisch gerieben
Etwas Schlagsahne

Den Fischfond mit der Crème double aufkochen und um die Hälfte einkochen. Mit Meerrettich abschmecken und die geschlagene Sahne unterheben.
Eine Portionsform aus Ton (Cocotte) gut buttern. Abwechselnd Lasagnescheiben, Lachs und Sauce einfüllen. Mit der restlichen Sauce übergießen und schnell gratinieren (Salamander, Grill oder starke Oberhitze).
Die Lasagne soll nur warm – und der Lachs nicht trocken – werden. Schnell servieren.

FISCHGERICHTE

Austern-Lachs-Ravioli

Vier Portionen

Abbildung Seite 50 / 51

8 Belon- oder Imperial-Austern (»00«)
8 sehr dünne, große rohe Lachsscheiben

Für die Vinaigrette:
2 EL Petersilie, gehackt
2 EL Schnittlauch, fein geschnitten
1 EL Schalotten, fein gehackt
3 EL Olivenöl
1 EL Traubenkernöl
1 EL Walnußöl
1 EL Aceto Balsamico
1 EL Estragonessig
Saft einer halben Zitrone
Salz, Pfeffer

Die Austern öffnen, vorsichtig aus der Schale lösen (das Fleisch nicht zerschneiden oder anstechen) und säubern. Jede Auster in eine Lachsscheibe wickeln.
Die Zutaten für die Vinaigrette in einer kleinen Schüssel mischen und abschmecken.
Die Austern-Ravioli auf Tellern anrichten und mit der Vinaigrette umgießen.

FISCHGERICHTE

Lachs-Ravioli in Kerbelsauce

Vier Portionen

Abbildung Seite 50 / 51

8 große Scheiben frischer Lachs
120 g Spinat, blanchiert
100 g Frischkäse
Salz, Pfeffer
Knoblauch nach Geschmack
1 Eigelb
4 mittelgroße Plastiktüten zum Vakuumieren
Warme Butter für die Tüten

Für die Sauce:
¼ l Weißweinsauce (siehe Seite 191)
⅛ l Sahne
Salz, Pfeffer
2 Bund Kerbel

Für dieses Rezept benötigt man ein Vakuumiergerät. Ist keines vorhanden, kann man sich mit Frischhaltefolie behelfen; die Ravioli müssen dann aber gedämpft und nicht wie im Rezept beschrieben gegart werden.
Den Spinat grob hacken und mit dem Käse mischen. Mit Salz, Pfeffer und etwas feingehacktem Knoblauch würzen. Das Eigelb unterziehen. Diese Mischung auf vier rohe Lachsscheiben auftragen und mit den restlichen Scheiben bedecken. Die Ravioli etwas zuschneiden, überstehende Ränder abschneiden. Die Ravioli in die gebutterten Plastiktüten stecken und leicht (das heißt mit nicht zu viel Druck) vakuumieren. In einen Topf mit 80 Grad heißem Wasser legen und fünf Minuten garen.
Die Weißweinsauce mit der Sahne mischen und auf zwei Deziliter einkochen. Abschmecken und vor dem Anrichten den feingehackten Kerbel in die Sauce rühren.
Die Ravioli auf vorgewärmten Tellern anrichten und mit der Kerbelsauce übergießen.

Kalbsnieren und Jakobsmuscheln mit zwei Saucen

Vier Portionen

Abbildung Seite 52 / 53

1 frische Kalbsniere
8 Jakobsmuscheln, nur die weißen Nüsse, nicht das Corail
Butter zum Braten
32 Kirschtomaten
Salz, Pfeffer
Butter zum Anschwenken der Tomaten
200 g Petersilienwurzeln
20 g Butter
Etwas Sahne
1 EL Petersilie, fein gehackt
1/8 l Weißweinsauce (siehe Seite 191)
1/8 l brauner Kalbsfond (siehe Seite 191), zur Sauce eingekocht

Die Niere entsprechend ihrer Form zerteilen, es werden zum Anrichten sechzehn schöne Stücke gebraucht. Die Jakobsmuscheln halbieren. Die Tomaten über Kreuz einritzen, kurz in kochendes Wasser tauchen, in Eiswasser abschrecken und schälen. Die Petersilienwurzeln in Salzwasser weichkochen, im Mixer pürieren, das Püree mit Butter und Sahne verfeinern. Zum Schluß die Petersilie dazugeben, mit Salz und Pfeffer abschmecken.
Nierenstücke und Jakobsmuschelhälften mit Salz und Pfeffer würzen. In getrennten Pfannen in Butter von allen Seiten anbraten, sie sollen ringsum schöne Farbe nehmen. Die Tomaten leicht salzen und in Butter warm schwenken.
Das Püree in einen Spritzsack mit kleiner Tülle füllen und sternförmig auf Teller spritzen. Die Zwischenräume abwechselnd mit den beiden Saucen füllen. Die Nieren auf der dunklen, die Jakobsmuscheln auf der hellen Sauce und dazwischen die Tomaten anrichten.

Trüffel-Tortellini in Sahne

Vier Portionen

Abbildung Seite 54 / 55

200 g Mehl
50 g Hartweizengrieß
1 kleines Ei
1 Prise Salz
1 EL Pflanzenöl
Wasser
100 g Trüffelpüree (gibt es in Dosen und Tuben zu kaufen)

Für die Sauce:

1/8 l heller Fond vom Geflügel (siehe Seite 191)
1/4 l Sahne
5 cl Trüffelsaft (aus der Dose)
4 schwarze Trüffelscheiben

Für die Tortellini Mehl und Grieß mischen; Ei, Salz, Öl und so viel Wasser zugeben, daß ein fester Teig entsteht. Zwei Stunden ruhen lassen und mit Hilfe einer Nudelmaschine dünn ausrollen. Kreise von sechs bis acht Zentimeter Durchmesser ausstechen.
Auf die eine Hälfte aller Scheiben einen Tupfer Trüffelpüree geben, zusammenklappen und die Ränder fest zusammendrücken. Die halbkreisförmigen Teigtaschen zu Tortellini formen und auf ein mit Mehl bestäubtes Tuch legen. In Salzwasser zwei Minuten kochen und mit einem Schaumlöffel herausnehmen.
Für die Sauce den Geflügelfond mit der Sahne einkochen (auf circa zwei Deziliter), den Trüffelfond dazugießen und noch einmal aufkochen. Vor dem Anrichten mit dem Stabmixer aufschlagen.
Die Tortellini auf tiefen Tellern anrichten, mit der Sauce übergießen und mit einer Trüffelscheibe garnieren.

Hummer-Spaghetti »Laureen«

Vier Portionen

Abbildung Seite 54 / 55

200 g Mehl
50 g Hartweizengrieß
1/2 Ei
1 Prise Salz
30 g Krebsbutter, flüssig
Wasser
30 g Krebsbutter zum Anschwenken

Für die Sauce:

3 Schalotten, feingehackt
40 g Krebsbutter
1 Hummer, gekocht und ausgelöst
150 g Tomatenconcassée
1 Knoblauchzehe, fein gehackt
6 Basilikumblätter, fein gehackt
1/8 l Weißweinsauce (siehe Seite 191)
Salz, Pfeffer

Für die Garnitur:

Frisch geriebener Parmesan oder weiße Trüffeln oder geriebene Mandeln

Mehl, Grieß, Ei, Salz und flüssige Butter mit so viel Wasser vermengen, daß ein fester Teig entsteht. Zwei Stunden ruhen lassen und mit der Nudelmaschine Spaghetti herstellen. In Salzwasser »al dente« kochen, abgießen und vor dem Anrichten in der Krebsbutter schwenken.
Für die Sauce die Schalotten in der Krebsbutter andünsten. Das feingehackte Hummerfleisch zusammen mit den Tomatenwürfeln, dem Knoblauch und den Basilikumblättern dazugeben. Andünsten, mit der Weißweinsauce aufgießen und gut durchrühren. Mit Salz und Pfeffer abschmecken.
Die Spaghetti auf einem Suppenteller anrichten und mit der Hummersauce übergießen. Mit frisch geriebenem Parmesan, hauchdünn gehobelten weißen Trüffeln oder geriebenen Mandeln garnieren.
Das Rezept für diese Edel-Spaghetti ist eine Kreation meiner Frau Laureen.

Fasanen-Ravioli aus Blutnudelteig mit Kresse-Sahnesauce und Kartoffelpüree

Vier Portionen

Abbildung Seite 56/57

Für den Blutnudelteig:

500 g Mehl
1 EL Öl
3 Eier
1 dl kalt gerührtes Rinderblut
Salz
Wasser
2 junge Fasanenbrüste
Salz, Pfeffer
2 Wacholderbeeren, sehr fein gehackt

Für die Sauce:

¼ l heller Fond vom Geflügel (siehe Seite 191)
¼ l Sahne
⅛ l Crème double
½ Bund frische Brunnenkresse (ca. 100 g)

Für das Püree:

500 g mehlige Kartoffeln
30 g Butter
Etwas Sahne
Salz, Pfeffer, Muskat
3 Schalotten
Pflanzenöl zum Braten

Für den Blutnudelteig aus den Zutaten einen Teig kneten und so viel Blut zugeben, daß ein fester Teig entsteht. Eine Stunde ruhen lassen, mit der Nudelmaschine dünn ausrollen und Kreise (acht Zentimeter) ausstechen.
Die rohen Fasanenbrüste schräg in dünne Scheiben schneiden (circa 5 bis 6 Zentimeter lang; 3 Zentimeter breit). Mit Salz, Pfeffer und Wacholder würzen. Die Scheiben auf die Nudel-Kreise legen, die Ränder mit Eigelb bestreichen und zu Ravioli zusammenfalten; die Ränder gut andrücken.
Die Ravioli in reichlich Salzwasser knapp zwei Minuten kochen, herausnehmen und auf einem Sieb abtropfen lassen.
Für die Sauce den Geflügelfond mit der Sahne und der Crème double auf einen Achtelliter einkochen. Die Brunnenkresse zupfen und die Blätter mit einem Teil der Sauce in den Mixer geben. Sehr fein pürieren und durch ein feines Sieb passieren. Mit der restlichen Sauce mischen, mit Salz und Pfeffer abschmecken.
Für das Püree die Kartoffeln weich kochen, abschütten und schälen. Durch eine Kartoffelpresse treiben, Butter und Sahne unterrühren. Mit Salz, Pfeffer und Muskat abschmecken. Die in Scheiben geschnittenen Schalotten in Öl knusprig-goldbraun braten.
Die Ravioli auf flache Teller legen und mit der Kresse-Sahnesauce umgießen. Das Püree auf Extra-Tellern anrichten und mit den Schalotten garnieren.

Bresse-Taube in der Schweineblase

Vier Portionen

Abbildung Seite 58/59

2 Bressetauben
2 Schweineblasen, gewässert (vom Metzger)
150 g körnig gekochter Reis
50 g feine frische Erbsen
30 g Trüffelwürfel
50 g rohe Gänseleberwürfel
2 dl heller Fond vom Geflügel (siehe Seite 191)
5 cl Trüffelsaft (aus der Dose)
Salz, Pfeffer
5 cl heller Fond vom Geflügel (Grundrezept auf Seite 191)

Die Tauben ausnehmen und mit Küchenkrepp das Blut austupfen; Flügel, Kopf und Füße abtrennen.
Den Reis mit Erbsen, Trüffel- und Gänseleberwürfeln mischen. Die Geflügelsauce mit dem Trüffelsaft erwärmen, ein Drittel davon zum Reis geben, mit Salz und Pfeffer abschmecken. Die Tauben mit der Reismischung füllen, den restlichen Reis und die Sauce warmstellen.
Die Tauben mit Salz und Pfeffer würzen. In die beiden Schweineblasen stecken und den Geflügelfond je zur Hälfte dazugießen. Die Blasen gut zubinden und in einen Topf mit kochendem Wasser legen. Den Topf mit einem Deckel schließen und die Tauben 20 Minuten ziehen lassen. Das Wasser darf nur zu Beginn kochen, dann den Topf an den Herdrand stellen.
Die Tauben in der Blase am Tisch präsentieren, damit die Gäste den Duft, der sich beim Öffnen der Blasen entwickelt, genießen können.
Die Blasen aufschneiden, die Tauben mit einer Gabel herausnehmen und tranchieren. Das Fleisch aufschneiden und mit der Reisfüllung und der weißen Geflügel-Trüffelsauce anrichten. Den beim Füllen nicht verwendeten Reis dazu reichen.

Hirschrücken mit Ingwer-Schokoladensauce und Fingernudeln

Vier Portionen

Abbildung Seite 60/61

4 Hirschrückenmedaillons à 100 g
Salz, Pfeffer
40 g Butter zum Braten

Für die Sauce:

1 kg Wildknochen, feingehackt (3- bis 4-cm-Würfel)
Öl zum Anbraten
300 g Röstgemüse, fein gewürfelt (je 100 g Karotten, Sellerie, Zwiebel)
4 kleine, reife Tomaten
½ l kräftiger Rotwein (Côtes-du-Rhône)
1 l Kalbsbrühe (siehe Seite 191)
Pfefferkörner, Wacholderbeeren
Lorbeerblatt, Thymian, Majoran
25 g frischer Ingwer, geschält und in Scheiben geschnitten
4 cl Aceto Balsamico
50 g Zartbitter-Schokolade oder -Kuvertüre
30 g Butter

Für die Fingernudeln:

250 g Kartoffeln, am Vortag gekocht
70 g Mehl
30 g Grieß
1 Eigelb
Evtl. 1 Ei
Zerlassene Butter
Salz, Pfeffer, Muskat
Butter zum Braten

Für die Beilage:

Karotten und Kaiserschoten, glaciert

Die Hirschmedaillons mit Salz und Pfeffer würzen. In einer schweren Pfanne von jeder Seite anbraten und etwas ziehen lassen, damit das Fleisch schön rosa wird.
Für die Sauce in einem schweren Topf (Reine) die gehackten Knochen in Öl hellbraun anbraten. Die Röstgemüse dazugeben und ebenfalls anbraten. Wenn alles schön Farbe hat, die Tomaten dazugeben. Mit Rotwein ablöschen, Kalbsbrühe und Wasser auffüllen. Alle Gewürze, Ingwer und Essig dazugeben und vier Stunden köcheln.
Den Fond durch ein feines Tuch passieren und auf einen Viertelliter einkochen! Während die Sauce noch leicht kocht, die Schokolade und die Butter in kleinen Stücken einrühren. Dabei immer wieder abschmecken, denn es soll nur so viel Schokolade in die Sauce, daß man sie gerade schmeckt. Zuviel Schokolade schadet dem Saucengeschmack.
Für die Fingernudeln die Kartoffeln schälen und durch die Presse treiben. Das Püree mit Mehl, Grieß und Eigelb verkneten. Die zerlassene Butter untermischen und wenn erforderlich, das heißt wenn der Teig zu trokken sein sollte, das Ei zugeben. Mit Salz, Pfeffer und Muskat abschmecken. Den Teig in Stücke schneiden, Fingernudeln formen und vor dem Anrichten in Butter braten.

Rehpfeffer »Modern« mit Gorgonzola-Ravioli

Vier Portionen

Abbildung Seite 60 / 61

600 g Rehkeule, ohne Haut und Sehnen
Salz, Pfeffer
Butter zum Braten

Für die Sauce:
1 kg Rehknochen und -abschnitte vom Parieren
Erdnußöl zum Anbraten
300 g Röstgemüse, gewürfelt (je 100 g Karotten, Zwiebeln, Sellerie)
2 reife Tomaten
½ l trockener Rotwein (Burgunder oder Côtes-du-Rhône)
2 l Wasser
Rosmarin, Thymian, Lorbeerblatt
Wacholderbeeren
1 TL Dijon-Senf
5 cl Rinder- oder Kalbsblut zum Binden der Sauce
Salz, Pfeffer

Für die Ravioli:
200 g Mehl
50 g Hartweizengrieß
1 EL Erdnußöl
Salz
5 cl Wasser
100 g Gorgonzola
100 g Blattspinat, blanchiert und ausgedrückt
Feingehackter Knoblauch
Salz, Pfeffer

Für einen klassischen Rehpfeffer wird das Keulenfleisch in Würfel (wie für Gulasch) geschnitten, einige Tage in Rotwein mariniert und dann geschmort. Aus der Marinade wird die Sauce gemacht. Ich finde es schöner, die Sauce extra zu kochen, das Fleisch sehr sorgfältig zu parieren und nur kurz zu garen.

Aus dem parierten Keulenfleisch zwei bis drei Zentimeter große Würfel schneiden, salzen, pfeffern und in Butter anbraten. In den 70 Grad heißen Ofen stellen und etwa 15 Minuten garen.

Für die Ravioli aus Mehl, Grieß, Öl, einer Prise Salz und Wasser einen festen Nudelteig kneten. Mit dem Wasser vorsichtig umgehen: nur so viel zugeben, daß der Teig zäh und trocken bleibt. Einige Stunden ruhen lassen. Mit der Nudelmaschine so dünn wie möglich ausrollen und Vierecke ausstechen. Den Gorgonzola mit dem grob gehackten Spinat mischen, mit Knoblauch, Salz und Pfeffer die Masse würzen. Auf die Vierecke verteilen und den Teig über Eck zusammendrücken. Vor dem Anrichten die Ravioli in Salzwasser drei Minuten kochen.

Für die Sauce Knochen und Abschnitte in Öl anbraten, die Gemüse dazugeben und rösten, bis alles schön braun ist. Dabei ständig rühren, damit die Knochenspitzen nicht anbrennen. Die Tomaten zugeben und noch einige Minuten unter Rühren rösten. Mit dem Rotwein ablöschen und mit Wasser auffüllen. Die Kräuter in den Fond geben und drei bis vier Stunden langsam kochen. Hin und wieder umrühren.

Den Fond durch ein feines Tuch passieren und stark einkochen. Den Senf dazugeben und bei mittlerer Hitze mit dem Stabmixer so viel Blut einrühren, daß die Sauce eine schöne Bindung erhält. Mit Salz und Pfeffer abschmecken.

Die Sauce auf Tellern verteilen, ein bis zwei Ravioli in die Mitte geben und die halbierten Fleischstücke ringsherum anrichten.

Rehmedaillons mit schwarzen Nüssen

Vier Portionen

Abbildung Seite 62 / 63

600 g Rehrücken, pariert
Salz, Pfeffer
Butter
⅛ l Rotwein
⅛ l brauner Fond vom Wild (siehe Seite 191)
3 EL Einmachfond der Nüsse
30 g Butter
Himbeeressig
8 schwarze Nüsse

Für die Spätzle:
500 g Mehl
5 Eier
Wasser nach Bedarf, ca. 1,5–2 dl
Salz, Muskat
Butter

Für die Beilage:
1 Rote-Bete-Knolle, gekocht und in Achtel tourniert
1 kleine Sellerieknolle, gekocht und in Achtel tourniert
8 Kaiserschoten, blanchiert
25 g Butter
Salz, Pfeffer

Für dieses Gericht müssen Sie die Nüsse im Sommer vorbereiten: Sie brauchen grüne Walnüsse, die innen noch keine harte Schale gebildet haben. Normalerweise gibt es diese Nüsse in der ersten Julihälfte, in einem warmen Sommer aber auch schon Ende Juni.

Das Rezept: Die olivengroßen Nüsse mit einer Nadel etwa zehnmal einstechen, in kaltes Wasser legen und für zwölf Tage kühl stellen. In dieser Zeit das Wasser täglich wechseln; die Nüsse werden im Lauf der Zeit schwarz. Die Nüsse in mit Rotweinessig abgeschmecktem Zuckersirup weichkochen, mit dem Sirup in Einmachgläser füllen und mit Folie abdecken. Die Folie mit einem Gummiring befestigen und die Gläser kühl aufbewahren. Den Rehrücken in acht Medaillons schneiden, würzen und in Butter rosa braten.

Den Bratensatz der Medaillons mit dem Rotwein ablöschen, den Wildfond und den Einmachfond der Nüsse zugeben. Zur gewünschten Saucenkonsistenz einkochen, durch ein Haarsieb passieren und mit der Butter montieren. Mit Salz, Pfeffer und einem Spritzer Himbeeressig abschmecken.

Für die Spätzle aus Mehl, Eiern, Wasser, je einer Prise Salz und Muskat einen zähen Teig bereiten. Mit Hilfe eines Spätzlebretts Spätzle in kochendes Salzwasser schaben und eine Minute kochen. In kaltem Wasser abschrecken und abtropfen lassen. Vor dem Anrichten die Spätzle in Butter heiß schwenken und mit Salz abschmecken.

Die Gemüse in Butter anschwenken und abschmecken.

Bresse-Taube auf Linsen mit Specksauce

Vier Portionen

Abbildung Seite 64 / 65

4 Bressetauben, bratfertig
Salz, Pfeffer
50 g geklärte Butter

Für die Linsen:
100 g feine (schwarze) Linsen
3 Schalotten, fein gewürfelt
50 g Butter
¼ l heller Fond vom Geflügel (siehe Seite 191)
Sherryessig, Salz, Pfeffer

Für die Sauce:
4 Scheiben Frühstücksspeck, fein gewürfelt
1 Schalotte, fein gewürfelt
15 g Butter
Trockener Rotwein zum Ablöschen
¼ l brauner Fond vom Geflügel (siehe Seite 191)

Die Tauben binden oder mit kleinen Holzspießen zusammenstecken, salzen, pfeffern und in der geklärten Butter von allen Seiten scharf anbraten. In den 100 Grad heißen Ofen stellen und eine halbe Stunde ziehen lassen. Herausnehmen, auslösen und vor dem Anrichten das Taubenfleisch mit starker Oberhitze aufwärmen.
Für das Gemüse die Schalotten in Butter anschwitzen, die Linsen zugeben und mit dem Geflügelfond ablöschen. Langsam köcheln lassen und etwas Wasser zugeben (nur so viel, daß die Linsen gerade immer flüssig sind). Wenn die Linsen weich sind, mit Essig, Salz und Pfeffer abschmecken.
Für die Sauce Speck- und Schalottenwürfel in Butter andünsten, mit einem Spritzer Rotwein ablöschen und mit dem Fond auffüllen. Einige Minuten einkochen lassen und vor dem Anrichten mit dem Stabmixer aufschlagen.
Die Linsen auf Teller verteilen, das aufgeschnittene Taubenfleisch darauf anrichten und mit der Sauce umgießen.

Bresse-Taube mit Soja-Honig-Sauce mariniert

Vier Portionen

Abbildung Seite 64 / 65

4 Bressetauben, bratfertig
50 g geklärte Butter
500 g Staudensellerie
30 g Butter
Salz, Pfeffer
1 dl klare Kalbs- oder Geflügelbrühe (siehe Seite 191)

Für die Marinade:
100 g Sojasauce (nicht süß)
50 g Honig
2 Knoblauchzehen in feinen Scheiben
1 Limone in dünnen Scheiben

Die Sojasauce mit dem Honig verrühren, mit Knoblauch- und Limonenscheiben mischen. Gut durchrühren und zwei Stunden ziehen lassen. Die Tauben zwei Stunden vor dem Braten mit dieser Marinade mehrmals einstreichen.
Die Tauben an den Schenkeln mit einem Holzspieß zusammenstecken oder mit einer Schnur so binden, daß die Beine fest anliegen. In der geklärten Butter von allen Seiten schnell anbraten. In den 150 Grad heißen Ofen stellen und je nach Größe der Tauben 15 bis 25 Minuten garen; das Fleisch soll schön rosa werden. Beim Braten die Tauben immer wieder mit der Marinade bestreichen.
Den Staudensellerie, er muß ganz frisch und knackig sein, schälen (nur an den äußeren Längsseiten eventuelle Fasern entfernen) und in feine Scheiben schneiden. Vor dem Anrichten in Butter scharf anbraten, salzen, pfeffern und mit dem Kalbsfond ablöschen. Kochen lassen, bis der Fond fast vollkommen eingekocht ist.
Den Staudensellerie auf Tellern verteilen und die tranchierten Tauben darauf anrichten.

Lammrücken mit Senfsaat

Vier Portionen

Abbildung Seite 66 / 67

600 g Lammrücken, pariert
Salz, Pfeffer
50 g Senfkörner, gemörsert oder grob gemahlen
4 TL Semmelbrösel (aus entrindetem Weißbrot frisch gerieben)
Mehl
1–2 Eier
Butter zum Braten

Für die Sauce:
¼ l brauner Fond vom Lamm (siehe Seite 191)
⅛ l trockener Rotwein
25 g Butter
Knoblauch und Kräuter nach Geschmack

Für die Beilage:
3 ovale Kartoffeln, mittelgroß und geschält
1 Zucchini
2 reife Tomaten
Butter, Knoblauch
Milch
Salz, Pfeffer
Thymian, Basilikum

Den Lammrücken mit Salz und Pfeffer würzen. Mehlieren und durch die verquirlten Eier ziehen. Senfkörner und Semmelbrösel mischen und den Lammrücken damit panieren. In Butter kräftig anbraten und im 75 Grad warmen Ofen 30 Minuten ziehen lassen, damit das Fleisch schön rosa bleibt.
Für die Sauce den Lammfond mit dem Rotwein um die Hälfte einkochen, abschmekken, das heißt die Butter löffelweise zugeben und mit dem Schneebesen einrühren oder mit dem Stabmixer einschlagen. Je nach persönlicher Vorliebe die Sauce mit Knoblauch und Kräutern (zum Beispiel Basilikum, Estragon, Thymian) abschmecken.
Die Gemüse für die Beilage in dünne Scheiben schneiden. Gratinformen oder kleine Pfannen mit Knoblauch ausreiben, buttern und die Scheiben einschichten; die Gemüse in die Mitte, die Kartoffel rundherum. Etwas mit Salz und Pfeffer gewürzte Milch angießen (bis knapp auf die Höhe der Kartoffeln), in den 200 Grad heißen Ofen stellen und circa 25 Minuten backen. Kurz vor Ende der Backzeit mit gehacktem Thymian und Basilikum bestreuen und mit Alufolie abdecken. Gemüsegratin in Tellermitte anrichten, den aufgeschnittenen Lammrücken dazugeben und mit der Sauce umgießen.

Entenbrust mit Essigkirschen, Brokkolistielen und Karotten

Vier Portionen

Abbildung Seite 68 / 69

4 Entenbrüste, ausgelöst
Salz, Pfeffer
Butter zum Braten

Für die Essigkirschen:
1 dl Rotweinessig
¼ l Wasser
60 g Zucker
200 g Süßkirschen, mit Stiel und Stein
2 dl Rotwein
2 dl brauner Fond vom Geflügel (siehe Seite 191)
20 g Butter

Für die Beilage:
16 junge Karotten
8 Brokkolistiele (die Röschen für ein anderes Gericht verwenden)
Butter
Salz, Pfeffer

Zur Vorbereitung der Sauce Essig mit Wasser und Zucker aufkochen. Die Kirschen mit Stiel und Stein in den kochenden Sud legen, abkühlen und zugedeckt einige Tage ziehen lassen.
Von den Entenbrüsten die Haut vorsichtig ablösen und die Sehnen entfernen. Mit Salz und Pfeffer würzen. Von beiden Seiten in Butter anbraten, in den 80 Grad heißen Ofen stellen und 25 bis 30 Minuten garen. Bei gleicher Temperatur bis zum Anrichten warmhalten.
Für mein Rezept verwende ich die Entenhaut nicht. Man könnte sie aber in feine Streifen schneiden, salzen, in Öl knusprig braten und über das fertige Gericht streuen.
Für die Sauce den Rotwein mit dem Geflügelfond und einem Deziliter Essigkirschensud aufkochen. Um die Hälfte reduzieren und mit der Butter montieren. Die Essigkirschen in der Sauce erwärmen und abschmecken.
Die Karotten putzen und blanchieren. Die Brokkolistiele mit dem Messer so schälen, daß alle Fasern der Außenhaut weggeschnitten sind, in längliche Scheiben schneiden, kurz blanchieren und abtropfen lassen. Die noch knackigen Gemüse in Butter anschwenken, mit Salz und Pfeffer abschmekken.
Die Entenbrüste aufschneiden, mit den Gemüsen anrichten und mit der Essigkirschsauce umgießen.

Rinderfilet auf gebratenem Fenchel

Vier Portionen

Abbildung Seite 68 / 69

4 Filetsteaks à 150 g, gut abgehangen
Salz, Pfeffer
Butter zum Braten
4 junge Fenchelknollen
Olivenöl zum Braten
8 Schalotten, fein gewürfelt
30 g Butter
¼ l trockener Rotwein
¼ l brauner Fond vom Kalb (siehe Seite 191)
1 EL Petersilie, fein gehackt
1 EL Schnittlauch, fein geschnitten

Die Filets würzen, auf einen Teller legen und zum Garen in den 75 Grad heißen Ofen stellen. Kurz vor dem Anrichten in Butter von beiden Seiten kurz braten, damit das Fleisch Farbe bekommt.
Die Fenchelknollen der Länge nach in Drei-Millimeter-Scheiben schneiden. In Olivenöl langsam goldbraun braten, mit Salz und Pfeffer würzen.
Für die Sauce die Schalotten in Butter andünsten, mit dem Rotwein ablöschen und mit dem Kalbsfond auffüllen. Um knapp die Hälfte einkochen, abschmecken und vor dem Servieren die frischen Kräuter untermischen.
Die Filetsteaks auf den Fenchelscheiben anrichten und mit der Sauce nappieren.

Sesamkrokant-Parfait

Zehn Portionen

Abbildung Seite 70 / 71

500 g Zucker
150 g Sesam

Für das Parfait:
4 Eigelb
2 Eier
Mark einer Vanillestange
80 g Zucker
500 g geschlagene Sahne
Amaretto (Mandellikör) zum Abschmecken

Für das Mokkasabayon:
5 Eigelb
4 TL Zucker
4 Tassen Espresso, kalt
4 cl Tia Maria (Kaffeelikör)

Für die Garnitur:
Geschabte Kuvertüre

Für den Krokant den Zucker in einer Kasserolle langsam schmelzen lassen. Wenn der Zucker goldgelb ist, mit einem Holzlöffel den Sesam unterrühren. Sofort auf ein geöltes Backblech schütten und flach ausstreichen. Wenn die Masse ausgekühlt ist, den Krokant mit einem geeigneten Gegenstand in Zwei-Millimeter-Stückchen zerstoßen.
Für das Parfait Eigelb, Eier, Vanillemark und Zucker im Wasserbad aufschlagen. Die Masse anschließend kalt schlagen und mit der Sahne vermischen. Mit Amaretto abschmecken und im letzten Moment drei Viertel der Krokantstückchen unterheben. In kleine, runde Auflaufformen füllen und im Tiefkühler drei bis vier Stunden gefrieren.
Für das Sabayon Eigelb, Zucker, Espresso und Kaffeelikör mischen. Mit einem Schneebesen im Wasserbad schaumig aufschlagen (etwa 30 Minuten vor dem Anrichten, damit das Sabayon nicht mehr zu heiß ist).
Die Parfaitformen kurz unter warmes Wasser halten und auf gekühlte Teller stürzen. Mit dem restlichen Krokant bestreuen und mit dem Sabayon umgießen. Mit geschabter Kuvertüre garnieren.

Mango-Charlotte mit Orangensauce

Zehn Portionen

Abbildung Seite 70/71

2 Eigelb
20 g Zucker
2 Eiweiß
20 g Zucker
45 g feines Mehl

Für die Mousse:
300 g Mangomark
3 Blatt Gelatine
Puderzucker
150 g geschlagene Sahne

Für die Orangensauce:
8–10 Orangen
Zucker
Grand Marnier

Für die Garnitur:
Joghurt
Orangenfilets
Cassis-, Erdbeer- oder Himbeersauce
Frische Minzeblätter

Für den Biskuitteig Eigelb und Zucker schaumig rühren. Die Eiweiß mit dem Zukker steif schlagen und beides mischen. Vorsichtig das Mehl untersieben. Mit einem Spritzbeutel Streifen (18 × 4 Zentimeter) auf ein Backblech aufspritzen. (Die Streifen werden anschließend in Metallreifen eingelegt, die Länge der Streifen richtet sich daher nach der Größe der Ringe.) Im 200 Grad heißen Ofen zehn Minuten backen. Die Streifen in die Ringe einlegen und auf Back- oder Pergamentpapier stellen.
Das Mangomark (Fruchtfleisch pürieren und durch ein Sieb passieren) mit der aufgelösten Gelatine verrühren und mit Puderzucker abschmecken. Kurz bevor die Masse fest zu werden beginnt, die geschlagene Sahne zugeben. Die Mousse in die Ringe füllen und kalt stellen.
Für die Sauce frisch gepreßten Orangensaft mit Zucker und Grand Marnier einkochen. Abschmecken und kalt werden lassen.
Von den Mango-Charlotten die Reifen abziehen und auf Tellern anrichten. Die Oberfläche mit Joghurtstreifen verzieren und die Charlotten mit der Orangensauce umgießen. Rundum mit Orangenfilets, Fruchttupfern und Minze garnieren.

Schwanensee

Acht Portionen

Abbildung Seite 72/73

150 g Eiweiß
150 g Zucker
1 Prise Salz

Für das Sorbet:
1 kg frische Erdbeeren
½ Eiweiß
Zucker, Zitronensaft von etwa ½ Zitrone (je nach Süße der Erdbeeren)
1 dl Wasser

Für die Garnitur:
Cassissauce (siehe Seite 172 – Blätterteig-Pyramide)
Joghurtsauce (siehe Seite 172 – Blätterteig-Pyramide)

Für die »Schwäne« (Baisers) die Eiweiß mit einem Drittel des Zuckers steif schlagen, zum Schluß die Prise Salz und den restlichen Zucker unterrühren. Mit einer Spritztülle Flügel und Hälse der Schwäne auf Pergamentpapier spritzen und im 70 Grad heißen Ofen einige Stunden trocknen lassen.
Für das Sorbet die Erdbeeren durch ein Sieb passieren, mit Zucker, Zitronensaft und Wasser mischen. Das Eiweiß zugeben und in der Sorbetière gefrieren.
Die Cassissauce auf Teller verteilen und mit der Joghurtsauce ein Wellenmuster »zeichnen«. Aus Erdbeersorbet-Kugeln und Baiser-Teilen die »Schwäne« formen und schnell servieren.

Crêpes »François Gatti«

Zehn Portionen

Abbildung Seite 74/75

125 g Wasser
250 g Milch
4 Eier
50 g zerlassene Butter
100 g Mehl
1 Prise Zucker
1 Prise Salz
Frisch geriebene Orangenschale von zwei unbehandelten Früchten

Für die Füllung:
Saft von vier frisch ausgepreßten Orangen
2 Eier
3 Eigelb
100 g Butter
150 g Zucker
10 Orangen, filiert
1 dl Grand Marnier
¼ l Sahne, geschlagen
Puderzucker

Die Zutaten für die Crêpes in den Mixer geben und einige Sekunden mischen. Aus dem Teig in einer beschichteten Pfanne hauchdünne Crêpes ausbacken.
Für die Füllung den Orangensaft mit Eiern, Eigelb, Butter und Zucker in einen Topf geben. Unter ständigem Rühren mit einem Holzlöffel zum Kochen bringen. Die Creme durch ein feines Sieb passieren.
Jede Crêpe mit einem Löffel Orangencreme und drei Orangenfilets füllen, zusammenschlagen und je drei Crêpes auf einem mittelgroßen Dessertteller anrichten. Mit Grand Marnier übergießen, gleichmäßig mit geschlagener Sahne bestreichen (etwa einen halben Zentimeter dick) und bei starker Oberhitze kurz überbacken. Mit Puderzukker bestäuben.
François Gatti zählte im Europa der Nachkriegszeit zu den großen Patissiers, sein Buch »Entremets für Hotel- und Restaurationsbetriebe« ist ein Standardwerk für anspruchsvolle Patisserie. Gatti war 74 Jahre alt, als er zur Eröffnung des Restaurants »Le Gourmet« dieses Dessert kreierte.

DESSERTS

Blätterteig-Pyramide

Sechs Portionen

Abbildung Seite 76/77

500 g Blätterteig
½ l Sahne
Puderzucker, Himbeergeist
3 EL frisches Erdbeermark
200 g Erdbeeren, in feine Würfel geschnitten
6 Kugeln Erdbeersorbet (siehe Seite 191 – Schwanensee)
¼ l Cassissauce (aus 400 g passierten, schwarzen Johannisbeeren, abgeschmeckt mit Puderzucker und Cassislikör)
¼ l Himbeersauce (aus 400 g passierten Himbeeren, abgeschmeckt mit Puderzucker und Himbeergeist)
1 Becher Joghurt, mit 1 EL Sahne, Zitronensaft und Puderzucker abgeschmeckt

Den Blätterteig dünn ausrollen, in Dreiecke schneiden und etwa eine Stunde ruhen lassen. Den Teig mit einer Gabel mehrfach einstechen, damit er nicht zu stark aufgeht, und im 200 Grad heißen Ofen zehn Minuten backen. Auskühlen lassen.
Die Sahne schlagen, mit Puderzucker, Himbeergeist und Erdbeermark aromatisieren. Zum Schluß die Erdbeerwürfel unterheben. Die Teigdreiecke mit Sorbet und Sahne so füllen, daß eine Pyramide entsteht.
Cassis- und Himbeersauce auf Tellern abwechselnd anrichten, die beiden Saucen durch einen schmalen Streifen Joghurtsauce trennen. Die Sahnepyramide in die Mitte setzen.

DESSERTS

Bananensoufflé

Vier Portionen

Abbildung Seite 78/79

1 kleine Banane
2–3 EL Zucker, Zitronensaft
6 Eiweiß
2–3 cl Bananenlikör
Butter für die Formen
Puderzucker

Die Banane schälen, durch ein Sieb passieren, das Püree mit Zucker und Zitronensaft abschmecken. Mit etwas Wasser aufsetzen und zu einer dicklichen, sirupähnlichen Masse einkochen.
Die Eiweiß mit Zucker zu steifem Schnee schlagen, unter das Bananenpüree heben und mit Bananenlikör abschmecken.
Die Souffléformen buttern und mit Zucker ausstreuen. Die Masse einfüllen und im 200 Grad heißen Ofen circa zwölf Minuten backen. Mit Puderzucker bestreuen und schnell servieren.

DESSERTS

Kaffeesoufflé mit Schokoladensplittern

Vier Portionen

Abbildung Seite 78/79

4 Tassen Espresso
2–3 EL Zucker
6 Eiweiß
2 cl Tia Maria (Kaffeelikör)
2 EL Bitterschokolade, fein gehackt
Butter für die Formen

Den Espresso mit etwas Zucker um drei Viertel einkochen. Die Eiweiß mit Zucker fest aufschlagen, der Eischnee soll steif und glatt sein. Den reduzierten Espresso dazugeben und mit Kaffeelikör abschmecken. Vor dem Einfüllen in die Formen die Schokoladensplitter locker unterheben; nicht zu viel rühren.
Souffléformen buttern und mit Zucker ausstreuen. Die Soufflémasse einfüllen und im 200 Grad heißen Ofen circa zwölf Minuten backen.
Die nach meinem Geschmack schönsten Soufflés serviert man im Pariser »Taillevent«, sie sind Vorbild für meine Rezepte. Die Soufflés werden ohne Butter und Mehl zubereitet, und – wenn die Masse »stimmt« – gehen sie mindestens zwei bis drei Zentimeter über den Rand der Backform auf. Es ist schwierig, genaue Mengenangaben zu machen, nur durch Probieren und Abschmekken kann man die ideale Masse herausfinden: Gibt man zu wenig Flüssigkeit dazu, hebt sich das Soufflé-Oberteil wie eine Pilzkappe ab. Gibt man zuviel Säure zum Eiweiß (zum Beispiel Zitrone, Passionsfrucht), wird die Masse leicht grießlig. Die Zuckermenge richtet sich nach der Größe der Eier und dem persönlichen Geschmack. Nach meiner Erfahrung braucht man vier oder fünf Versuche, bis Soufflés perfekt gelingen. Einige Tips, die Ihnen helfen:
- Das Eiweiß muß frisch und ohne Eigelb-Reste sein.
- Der Kessel zum Aufschlagen des Schnees muß vollkommen fettfrei sein, das gleiche gilt für den Schneebesen.
- Der Backofen muß konstant die Temperatur halten und zugfrei sein.

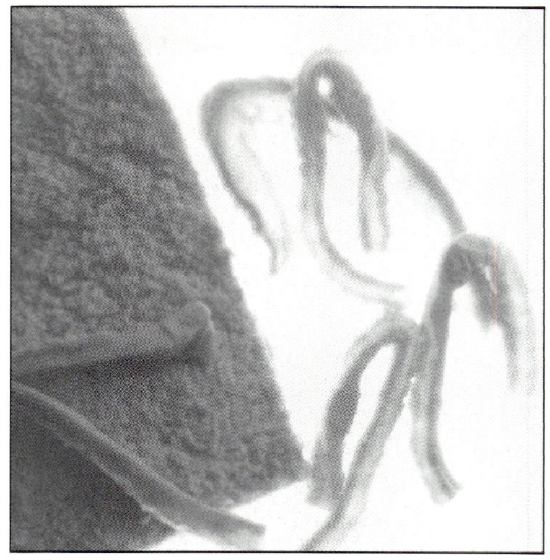

VORSPEISEN

Babymakrelen-Filets in Sylvaner

Vier Portionen

Abbildung Seite 82/83

4 kleine Makrelen
0,7 l sehr trockener Sylvaner (Franken)
50 g Selleriestreifen
50 g Schalottenstreifen
50 g Karottenstreifen
40 g Lauchstreifen
4 Lorbeerblätter
4 Wacholderbeeren
Salz, Pfeffer
1 Bund Petersilie

Die Makrelen filetieren, mit einer Pinzette die Gräten entfernen.
Den Wein mit den fein geschnittenen Gemüsestreifen und den Gewürzen aufkochen. Den Sud mit Salz und Pfeffer abschmecken. Die Hälfte der heißen Marinade in eine flache, vorgewärmte Form (Porzellan oder Cromargan) füllen und die Fischfilets mit der Hautseite nach unten darauflegen. Mit der restlichen Marinade übergießen und etwas ziehen lassen.
Die Makrelenfilets mit frisch gehackter Petersilie bestreuen und im Sylvanersud lauwarm servieren.

VORSPEISEN

Preßsack vom Karpfen in der Terrine

Acht Portionen

Abbildung Seite 82/83

2 große Karpfen, mindestens 2,5 kg je ausgenommenem Fisch
1 Bund Dill
600 g kleine Austernpilze ohne Stiele
Traubenkernöl zum Braten der Pilze

Für das Gelee:
100 g Karotten, geschält
50 g Schalotten, geschält
100 g Sellerie
100 g Lauch
150 g Eiweiß zum Klären
1 l Brühe (nach Geschmack Fisch, Kalb oder Geflügel)
0,5 l trockener Weißwein (Burgund)
12 Pfefferkörner
15 Blatt Gelatine
Salz

Für die Vinaigrette:
7 cl Olivenöl
7 cl Traubenkernöl
4 cl Aceto Balsamico
3 cl Sherryessig
Salz, Pfeffer

Für die Garnitur:
Feldsalat
Rote Paprika

Für das Gelee die Gemüse durch die grobe Scheibe des Fleischwolfs drehen, mit dem Eiweiß mischen und gut verrühren. Die Brühe mit dem Weißwein aufsetzen, die Pfefferkörner und die Eiweiß-Gemüse-Mischung dazugeben. Unter Rühren schnell aufkochen. Nicht mehr rühren und die Hitze so weit reduzieren, daß die Flüssigkeit nicht mehr kocht. 30 Minuten ziehen lassen, vorsichtig durch ein feines Tuch passieren und die in kaltem Wasser eingeweichte, gut ausgedrückte Gelatine zugeben. Mit Salz abschmecken.
Die Gelatine-Menge richtet sich nach der Bindefähigkeit der Brühe. Wenn bereits die kalte Brühe geliert, kann man weniger Gelatine nehmen; möglicherweise braucht man aber auch mehr. Darum die Gelierprobe machen: etwas vom flüssigen Gelee auf einen kleinen Teller geben, kurz in den Tiefkühler stellen und die Konsistenz des kalten Gelees prüfen.
Die Karpfen filetieren, enthäuten und entgräten. Da Karpfen viele kleine, dünne Gräten haben (und entsprechend preiswerte Fische sind), empfiehlt es sich, die Gräten nicht einzeln zu ziehen, sondern großzügig herauszuschneiden (in Form eines länglichen Dreiecks von der Kopfseite her, die Spitze des Dreiecks ist etwa im Schwanzdrittel der Karpfenfilets). Haut, Abschnitte und Gräten kann man zum Kochen einer Fischbrühe (zum Beispiel für das Gelee) verwenden.
Die Karpfenfilets in Zwei-Zentimeter-Würfel schneiden, salzen und mit dem Dill in einen wassergefüllten Dämpfer geben. Drei bis vier Minuten dämpfen.
Die Austernpilze in dem Traubenkernöl scharf anbraten, salzen, pfeffern und auf Küchenkrepp abtropfen lassen.
Austernpilze und Karpfenstücke vorsichtig mischen und in eine Terrine (Inhalt: zwei Liter) schichten. Mit dem noch lauwarmen Gelee auffüllen und über Nacht auskühlen lassen. Man kann die Terrinenform auch vor dem Füllen mit etwas Gelee ausgießen (»chemisieren«) und die Füllung erst einschichten, wenn das Gelee am Boden und an den Seiten fest geworden ist.
Die Zutaten für die Vinaigrette mischen und abschmecken.
Die gut gekühlte Terrine kurz in warmes Wasser tauchen, stürzen und mit einem Elektromesser den Karpfen-Preßsack aufschneiden. Die Scheiben anrichten und mit der Vinaigrette umgießen. Mit Feldsalat und roten Paprikastreifen garnieren.

ZWISCHENGERICHTE

Kalbsgekröse auf zweierlei Chips

Vier Portionen

Abbildung Seite 84/85

600 g Kalbsgekröse, vorgekocht
Salz, Pfeffer
Butter zum Anbraten
¼ l heller Kalbsfond (siehe Seite 191)
⅛ l trockener Weißwein
⅛ l Crème double
600 g Kartoffeln
600 g kleine rote Beete
50 g Butter
1 EL Schnittlauch, fein geschnitten

Das Kalbsgekröse mit Salz und Pfeffer würzen und in Butter anbraten. Kalbsfond und Weißwein angießen. Zugedeckt bei mittlerer Hitze eine Stunde »poelieren« (eine Garmethode zwischen Braten und Dünsten).
Den Fond abgießen, passieren und mit der Crème double zur Sauce einkochen. Abschmecken und aufmixen.
Kartoffeln und rote Beete schälen, beide Gemüse in dünne Scheiben schneiden. Scheibchenweise in Butter rösten und salzen.
Die Gemüsescheiben auf Tellern verteilen, ein Stück Kalbsgekröse darauf anrichten, mit der Sauce übergießen und mit Schnittlauch garnieren.

ZWISCHENGERICHTE

Kuttelterrine mit grünem Pfeffer

Zehn Portionen

Abbildung Seite 84/85

500 g weißes Kalbsbrät (vom Metzger)
¼ l Sahne
400 g Kutteln, in Brühe weichgekocht
2 EL grüner Pfeffer, eingelegt
Pastetengewürz, Salz, Pfeffer

Für die Garnitur:
500 g Kaiserschoten, blanchiert
10 Wachteleier, gekocht
1 EL Schnittlauch, gehackt

Für die Vinaigrette:
4 EL Olivenöl
2 EL Walnußöl
1 EL Sherryessig
Salz, Pfeffer

Das Kalbsbrät in eine Schüssel geben, nach und nach die Sahne mit einem Kochlöffel unterrühren. Die ausgekühlten Kutteln in Streifen schneiden (zwei Millimeter dick, fünf Millimeter lang) und in die Farce geben. Den grünen Pfeffer dazugeben, mit Salz, Pfeffer und Pastetengewürz abschmecken.
Eine Terrinenform (Inhalt: zwei Liter) mit Klarsichtfolie auslegen, die Farce einfüllen und mit Folie abdecken. In ein heißes Wasserbad stellen und im Ofen etwa 90 Minuten garen (dabei darf das Wasser nicht kochen). Die Terrine über Nacht auskühlen lassen.
Die Zutaten für die Vinaigrette verrühren und damit die Kaiserschoten marinieren.
Die Terrine stürzen, aufschneiden, mit den Kaiserschoten und den halbierten Wachteleiern anrichten. Mit gehacktem Schnittlauch garnieren.

Kalbskopf-Taler auf Sauce Béarnaise

Sechs Portionen

Abbildung Seite 86 / 87

400 g Kalbskopfmaske, vom Metzger komplett pariert
1 l heller Kalbsfond (siehe Seite 191)
1 l Wasser
Salz, Pfeffer
1 Bouquet garni
1 Ei
Etwas Mehl
Weißbrot ohne Rinde, frisch gerieben
Pflanzenöl zum Ausbacken

Für die Sauce:
3 Schalotten, fein geschnitten
ca. 3 cl Estragonessig
1 dl Weißwein
Weißer Pfeffer, frisch gemahlen
4 Eigelb
250 g geklärte Butter
1 TL Estragonblätter, gehackt
1 TL Petersilie, gehackt
Salz, Worcestersauce

Kalbsfond und Wasser aufkochen, mit Salz und Pfeffer würzen. Das Bouquet garni und den Kalbskopf hineingeben. Etwa drei Stunden kochen. Wenn der Kalbskopf weich ist, herausnehmen und abtropfen lassen. In eine passende Terrinen- oder Kuchenform drükken, mit einem Brett abdecken und beschweren. Über Nacht auskühlen lassen.
Den Kalbskopf aus der Form nehmen und in Scheiben schneiden. Mit einem runden Ausstecher die Taler ausstechen. Mit Salz und Pfeffer würzen, leicht mehlieren. Das Ei verquirlen, die Taler in dem Ei wenden und mit dem Weißbrot panieren. In Pflanzenöl goldbraun ausbacken.
Für die Sauce aus Schalotten, Essig, Weißwein und etwas Pfeffer eine Reduktion bereiten. Die Eigelb dazugeben und die Masse mit dem Schneebesen auf einem Wasserbad cremig aufschlagen. Die Butter zerlaufen lassen und warm (nicht zu heiß) unterrühren. Mit Salz, Pfeffer und Worcestersauce abschmekken, vor dem Anrichten die frischen Kräuter dazugeben.
Die gebackenen Kalbskopftaler auf der Sauce anrichten und Salzkartoffeln dazu servieren.

Kalbskopf mit Spargel und Morcheln

Vier Portionen

Abbildung Seite 86 / 87

600 g Kalbskopfmaske, vom Metzger komplett pariert
1 l heller Kalbsfond (siehe Seite 191)
1 l Wasser
Salz, Pfeffer
1 Bouquet garni
¼ l Crème double
200 g Blätterteig
Eigelb zum Bestreichen
1 kg weißer Spargel, geschält
30 mittelgroße Morcheln
2 Schalotten, fein geschnitten
Butter zum Andünsten der Morcheln
Kerbel zum Garnieren

Kalbsfond und Wasser mischen, mit Salz und Pfeffer würzen. Mit dem Bouquet garni aufkochen, den Kalbskopf hineinlegen und etwa drei Stunden kochen. Wenn zuviel Flüssigkeit verdampft, während der Kochzeit etwas Wasser nachfüllen. Der Kalbskopf ist fertig, wenn er butterweich (Butter mit Zimmertemperatur natürlich, keine Kühlschrankbutter) ist. Im Kochfond warmstellen.
Für die Sauce einen halben Liter vom Kochfond mit der Crème double um die Hälfte einkochen. Mit Salz und Pfeffer abschmekken.
Den Blätterteig einen halben Zentimeter dick viereckig ausschneiden, mit Eigelb bestreichen und zwei Stunden ruhen lassen. Im auf 220 Grad vorgeheizten Ofen 25 Minuten ausbacken und warm stellen.
Den Spargel in Salzwasser kochen. Die Schalotten in Butter glasig dünsten, die gut gewaschenen Morcheln dazugeben und kurz mitdünsten.
Den Spargel auf großen Tellern anrichten, die Morcheln und den in Stücke geschnittenen Kalbskopf rundum verteilen, mit der Sauce nappieren, mit dem Blätterteig und Kerbel garnieren.

Grammelknödel auf Sauerkraut

Sechs bis acht Portionen

Abbildung Seite 88 / 89

1,5 kg fester, roher Schweinerückenspeck, in feine Würfel geschnitten
300 g Mehl
⅛ l Wasser, lauwarm
2 EL Öl
1 Prise Salz

Für das Sauerkraut:
1 kg mildes Sauerkraut
50 g Schalotten, in Streifen
1 Knoblauchzehe, fein geschnitten
50 g Butter
½ l heller Kalbsfond (siehe Seite 191)
50 g Speck, geräuchert
3 Wacholderbeeren
1 Lorbeerblatt
1 mittelgroße rohe Kartoffel, geschält
1 dl trockener Champagner

Mehl, Wasser, Öl und Salz zu einem festen Teig verarbeiten, gut durchkneten und zwei Stunden ruhen lassen.
Die feingeschnittenen Speckwürfel in einer Pfanne goldgelb anbraten, auf einem Drahtsieb abtropfen lassen, mit Salz und Pfeffer würzen. Aus den abgekühlten Würfeln kleine Kugeln (etwa 30 Gramm pro Stück) formen.
Den Teig einen halben Zentimeter dick ausrollen und in kleine Vierecke schneiden. Auf jedes Viereck eine Speckkugel legen, mit dem Teig einrollen und zudrücken. Es dürfen keine Löcher in den Knödeln sein, sonst weicht der Inhalt auf und wird geschmacklos.
Die Knödel in kochendes Salzwasser legen und zehn Minuten ziehen lassen.
Für das Sauerkraut die Schalotten mit dem Knoblauch in Butter andünsten, das Kraut dazugeben und mit dem Kalbsfond auffüllen. Speck, Wacholderbeeren und Lorbeerblatt zufügen und circa eine Stunde leicht kochen lassen. Zur Bindung die rohe Kartoffel über das Kraut reiben, noch einige Minuten köcheln lassen und öfter umrühren, damit das Sauerkraut nicht anbrennt. Zum Schluß den Champagner angießen und noch einmal umrühren.
Das Sauerkraut auf Teller verteilen und die Knödel darauf anrichten.
Die im Rezept genannten Mengen reichen für sechs bis acht Hauptgericht-Portionen. Die Knödel können einige Tage vorher zubereitet werden, da sie sich ungekocht sehr gut einfrieren lassen. Grammeln ist der bayerisch-österreichische Name für Grieben.

Lammhirn in Sylvanersauce

Vier Portionen

Abbildung Seite 88 / 89

8 frische Lammhirne, fünf Stunden gewässert
3 l Wasser
1 Zwiebel, mit Nelken und Lorbeer gespickt
Salz, Pfeffer, Estragonessig

Für die Sauce:
¼ l heller Fond vom Lamm (siehe Seite 191)
¼ l trockener Sylvaner aus Franken
⅛ l Crème double
50 g Karotten, in feinen Streifen
50 g Sellerie, in feinen Streifen
50 g Lauch, in feinen Streifen
50 g Butter
Salz, Pfeffer

Von den Lammhirnen die Haut vorsichtig abziehen. Das Wasser mit der gespickten Zwiebel 15 Minuten kochen lassen, den Sud (Courtbouillon) mit Salz, Pfeffer und Estragonessig abschmecken. Die Lammhirne hineinlegen, einmal aufwallen lassen, den Topf vom Herd nehmen und zehn Minuten ziehen lassen.
Für die Sauce den Lammfond mit dem Weißwein um knapp die Hälfte einkochen, die Crème double angießen und weiter reduzieren. Die Gemüsestreifen in die Sauce geben und etwa drei Minuten kochen. Mit dem Stabmixer die Butter untermontieren, mit Salz und Pfeffer abschmecken.
Die Sauce auf Teller verteilen und die Lammhirne darauf anrichten.

ZWISCHENGERICHTE

Hahnenkämme im Püreerand

Vier Portionen

Abbildung Seite 90 / 91

400 g Hahnenkämme
Salz
100 g Karotten, gewürfelt
100 g Lauch, geschnitten
100 g Sellerie, gewürfelt
100 g Zwiebeln, in Scheiben
0,3 l brauner Kalbsfond (siehe Seite 191)
0,1 l Madeira

Für die Beilage:
600 g Kartoffelpüree
8 Frühlingszwiebeln, blanchiert
Tomatenachtel, enthäutet
Butter

Die Hahnenkämme fünf Minuten in kochendem Salzwasser blanchieren und mit kaltem Wasser abschrecken. Herausnehmen und mit einem Tuch die feine weiße Haut der Hahnenkämme abreiben. Salzwasser mit den Gemüsen aufkochen, die Hahnenkämme hineingeben und etwa zweieinhalb Stunden weichkochen.
Die Hahnenkämme herausnehmen, abtropfen lassen und in grobe Streifen schneiden. In den braunen Kalbsfond legen, den Madeira dazugießen und den Fond zu sirupähnlicher Konsistenz einkochen. Mit Salz und Pfeffer abschmecken.
Mit einem Spritzsack das heiße Kartoffelpüree ringförmig auf Teller spritzen und das Hahnenkamm-Ragout in die Mitte füllen. Mit den in Butter geschwenkten Lauchzwiebeln und Tomatenachteln garnieren.

ZWISCHENGERICHTE

Schweinenieren-Kuchen mit grober Senfsauce

Vier Portionen

Abbildung Seite 90 / 91

300 g frische, junge Schweinenieren
¼ l Milch
2 Eier
Salz, Pfeffer

Für die Sauce:
¼ l heller Kalbsfond (siehe Seite 191)
2 EL grober Dijon-Senf
¼ l Sahne
Salz, Pfeffer

Für die Beilage:
8 große Schalotten, in der Schale

Die geputzten Nieren in kleine Stücke schneiden, zusammen mit der Milch und den Eiern in den Mixer geben und so lange laufen lassen, bis alles flüssig ist und die Nierenstücke sich aufgelöst haben. Mit Salz und Pfeffer abschmecken. In gebutterte Auflaufformen füllen, in ein 80-Grad-Wasserbad stellen und 40 Minuten pochieren.
Den Kalbsfond mit dem Senf und der Sahne aufkochen. Um die Hälfte einkochen, mit Salz und Pfeffer abschmecken.
Die Schalotten mit der Schale auf ein Backblech legen und im 200 Grad heißen Ofen circa eine Stunde garen. Kurz vor Ende der Garzeit die Schalotten mit einem scharfen Messer halbieren und die Schnittflächen leicht salzen. Die Schalotten sind innen ganz weich und haben einen intensiven Eigengeschmack.
Die Nieren-Kuchen auf Teller stürzen, mit der Senfsauce übergießen und mit den halbierten Schalotten garnieren.

ZWISCHENGERICHTE

Kutteln in Weißwein-Kümmelsauce

Vier Portionen

Abbildung Seite 92 / 93

500 g Kutteln, blanchiert
2 l heller Kalbsfond (siehe Seite 191)
½ l trockener Weißwein
2 EL Schalotten, gehackt
20 g Butter zum Andünsten
½ l Sahne
50 g Butter zum Montieren
Kümmel, Salz, Pfeffer
2 EL geschlagene Sahne
8 kleine, mehlige Kartoffeln
2 l Öl zum Ausbacken (Friture)
20 g Butter für die Kartoffeln

Den Kalbsfond mit dem Wein aufkochen, die Kutteln hineingeben und eineinhalb bis zwei Stunden kochen. Herausnehmen und in Streifen schneiden.
Die Schalotten in Butter anschwitzen, einen halben Liter Kuttel-Kochfond und die Sahne dazugießen. Um die Hälfte einkochen und durch ein Sieb passieren. Mit der Butter montieren und die Kuttelstreifen in die Sauce geben. Aufkochen, mit Kümmel, Salz und Pfeffer abschmecken. Vor dem Anrichten die geschlagene Sahne unterheben.
Die Kartoffeln schälen, in ovale Scheiben schneiden und im 180 Grad heißen Öl ausbacken. In Butter nachbraten und salzen.
Die Kutteln anrichten, mit den Kartoffelscheiben und Schnittlauch garnieren.

ZWISCHENGERICHTE

Andouillette in Blätterteig mit Senfsauce

Vier Portionen

Abbildung Seite 92 / 93

4 Andouillettes
30 g Butter
1 Flasche trockener Weißwein
200 g Blätterteig, frisch oder tiefgefroren, in 4 Portionen geteilt
1 Eigelb

Für die Sauce:
Kochfond der Andouillettes
¼ l Sahne
1 EL Dijon- oder Löwensenf
25 g Butter zum Montieren

Für das Gemüse:
400 g Mangold, nur das Grüne, in Ein-Zentimeter-Stücke geschnitten
25 g Butter
40 g Frühstücksspeck, fein gewürfelt
⅛ l heller Kalbsfond (siehe Seite 191)

Andouillette ist eine Innereienwurst und eine Spezialität aus Frankreich, die man sich hier beim Metzger oder Feinkosthändler bestellen muß.
Die Andouillettes in einer flachen Pfanne in der Butter hellbraun anbraten. Den Weißwein aufgießen und die Würste zugedeckt etwa 45 Minuten kochen. Herausnehmen, kalt stellen und den Fond für die Sauce reservieren.
Die kalten Andouillettes in den Blätterteig einwickeln, mit Eigelb bestreichen und im 220 Grad heißen Ofen 30 Minuten backen.
Für die Sauce den Kochfond der Würste mit der Sahne aufkochen und bei flottem Feuer um gut die Hälfte einkochen. Den Senf unterrühren, mit der Butter montieren und abschmecken.
Die Speckwürfel in der Butter andünsten, Mangoldstücke hineingeben und anschwitzen. Etwas Kalbsfond aufgießen und zugedeckt einige Minuten dämpfen. Bis das Gemüse weich ist, eventuell noch etwas vom Fond nachgießen. Abschmecken.
Die gebackenen Andouillettes in Scheiben schneiden, auf dem Gemüse anrichten und mit der Senfsauce umgießen.

FISCHGERICHTE

Aalrutte im Kartoffelnetz

Vier Portionen

Abbildung Seite 94 / 95

400 g Filet von der Aalrutte (auch Rutte genannt), der Fisch sollte nicht zu klein sein, sonst sind die Filets zu dünn
Salz, Pfeffer
2 große Kartoffeln, geschält und in Streifen geschnitten
Öl zum Fritieren

Für die Sauce Choron:
3 Schalotten, fein geschnitten
3 cl Estragonessig
1 dl Weißwein
Weißer Pfeffer, frisch gemahlen
4 Eigelb
250 g geklärte Butter
1 TL Estragonblätter, gehackt
1 TL Petersilie, gehackt
Salz
100 g Tomatenwürfel, in etwas Butter verkocht

Für die Sauce Schalotten mit Essig, Weißwein und etwas Pfeffer einkochen. Die Reduktion mit den Eigelb mischen und im Wasserbad mit dem Schneebesen schaumig aufschlagen. Die geklärte Butter noch warm unterrühren. Die Butter darf nicht zu heiß sein, sonst gerinnt die Sauce. Zum Schluß Kräuter und Tomaten hineingeben, die Sauce mit Salz, Pfeffer und – wenn man will – einem Spritzer Worcestersauce abschmekken.
Die Kartoffelstreifen, sie sollten schön trokken sein, locker um die mit Salz und Pfeffer gewürzten Fischstücke wickeln. Eine Teflonpfanne etwa vier Zentimeter hoch mit dem Fritieröl füllen und erhitzen (circa 200 Grad). Eine Friteuse ist zu tief, da würde die Kartoffelhülle leicht zerfallen. In der flachen Pfanne liegt nur die Hälfte des Fischs im Öl, und durch das Eigengewicht wird die untere Seite zusammengehalten, bis die Kartoffeln gebacken sind und dann von selbst zusammenhalten. Den Fisch umdrehen und von der anderen Seite backen. Die ganze Prozedur muß schnell gehen, dauert das Backen zu lange, wird der Fisch innen trocken.
Reichlich Sauce auf warme (nicht zu heiße) Teller verteilen und den gebackenen Fisch darauf anrichten.
Sollten Sie die Leber der Aalrutte bekommen: sie ist in Butter gebraten eine Extra-Delikatesse.

Schollenfilet im Reisblatt gebacken

Vier Portionen

Abbildung Seite 94 / 95

8 frische Schollenfilets
Salz, Pfeffer
8 Reisblätter (in Asien- und guten Feinkostgeschäften)
2 Lauchzwiebeln, in Scheiben oder etwas feingeschnittener Lauch
Fett zum Fritieren

Für die Vinaigrette:
1 EL Karottenwürfel
1 EL Selleriewürfel
1 EL Lauchwürfel
⅛ l heller Fond oder Brühe (siehe Seite 191)
1 EL Olivenöl
2 EL Traubenkernöl
1 EL Sherryessig
Salz, Pfeffer, Chinagewürz

Die Reisblätter in Wasser vorsichtig einweichen. Die Fischfilets würzen, mit etwas Lauch belegen und in die Reisblätter einwickeln.
Das Fritierfett einen Zentimeter hoch in eine Teflonpfanne gießen, erhitzen und die Schollenfilets darin goldbraun ausbacken. Wenn die Reisblatthülle schön kroß ist, sind die Schollenfilets fertig.
Für die Vinaigrette die Gemüsewürfel in dem hellen Fond so lange kochen, daß sie noch einen leichten »Biß« haben. Vom Herd nehmen, mit einem Schneebesen Öl und Essig dazurühren. Mit Salz, Pfeffer und Chinagewürz abschmecken.
Die Schollenfilets auf der lauwarmen Gemüse-Vinaigrette anrichten. Nur so viel Sauce auf die Teller geben, daß die Filets auf dem Gemüse (und nicht in der Sauce) liegen, weil sie dann länger kroß bleiben.
Die Scholle ist ein einfacher Fisch mit relativ weichem Fleisch, diese Art der Zubereitung macht aus dem simplen Fisch eine geschmackliche Delikatesse. Dieses Rezept läßt sich mit roten und grünen Paprikaschoten, Pilzen oder Schnittlauch variieren. Und: Man kann die Reisblätter auch nobler füllen, zum Beispiel mit Kaisergranatschwänzen oder Hummerkrabben.

Kabeljaufilet auf Sauerkraut mit schwarzen Spätzle

Vier Portionen

Abbildung Seite 94 / 95

2 Kabeljaufilets à 300 g, ohne Haut und Gräten und so frisch wie möglich
Salz, Pfeffer
Butter zum Braten
500 g Sauerkraut (Zubereitung siehe Seite 174 – Grammelknödel)
Schnittlauch, fein geschnitten

Für die Spätzle:
250 g Mehl
3 Eier
Wasser
2 Beutel Tintenfischtinte à 5 g
Salz, Pfeffer, Muskat
Butter

Für die Sauce:
¼ l Fischfond (siehe Seite 191)
¼ l Crème double

Für die Spätzle Mehl und Eier in eine Schüssel geben und mit dem Knetarm des Handrührers oder mit dem Kochlöffel verrühren. So viel Wasser zugeben, daß ein zäher Spätzleteig entsteht. Einige Minuten durcharbeiten, zum Schluß die Tinte zugeben und abschmecken. Mit einem Spätzlebrett oder Sieb den Teig in kochendes Wasser »schaben«, einige Minuten kochen und die Spätzle kalt abschrecken. Vor dem Anrichten in Butter anschwenken und abschmekken.
Für die Sauce den Fischfond mit der Crème double langsam um die Hälfte einkochen, mit Salz und Pfeffer abschmecken.
Die Fischfilets in Portionsgröße schneiden, würzen und in Butter braten.
Den Kabeljau auf dem Sauerkraut anrichten, mit den Spätzle umlegen, mit der Sauce übergießen und mit Schnittlauch garnieren.

Schillerlocken-Soufflé auf Linsen

Vier Portionen

Abbildung Seite 96 / 97

200 g Schillerlocken
200 g Fischfilet, zum Beispiel Zander, Hecht oder Steinbutt
2 Eiweiß
3 cl Gin/Wacholdergeist
¼ l Sahne
Salz, Pfeffer
Butter für die Formen

Für die Linsen:
100 g sehr feine (schwarze) Linsen
2 Schalotten, feingehackt
30 g Butter
¼ l Fischfond (siehe Seite 191)
⅛ l Weißweinsauce vom Fisch (siehe Seite 191)
25 g Butter
Salz, Pfeffer
Sherryessig

Für die Garnitur:
Schnittlauch, geschnitten
2 EL Tomatenwürfel, ohne Schale und Kerne
Olivenöl, Salz, Pfeffer

Schillerlocken und Fischfilet durch die feine Scheibe des Fleischwolfs drehen. In den Küchencutter geben und mixen, dabei langsam Eiweiß, Gin und Sahne zugeben. Alle Zutaten vor der Verarbeitung kühlen und vorsichtig mischen, damit die Farce nicht gerinnt. Mit Salz und Pfeffer abschmecken. In gebutterte Souffléformen füllen und im 80 Grad heißen Wasserbad etwa zwanzig Minuten pochieren. Das Wasser darf nicht kochen.
Für das Gemüse die gehackten Schalotten in der Butter andünsten, die Linsen dazugeben und mit dem Fischfond aufgießen. Die Linsen weichkochen (circa eine Stunde), dabei öfter umrühren; zum Schluß die Fischsauce zugeben. Das Linsengemüse soll leicht flüssig sein. Vor dem Anrichten die Butter einrühren, mit Salz, Pfeffer und Sherryessig abschmecken.
Die Linsen auf Teller verteilen und die Soufflés in die Mitte stürzen. Mit Schnittlauch und den in Olivenöl kurz geschwenkten Tomatenwürfeln garnieren.

Karpfengulasch mit Paprikabutter

Vier Portionen

Abbildung Seite 96 / 97

1 Karpfen, ca. 1,8 kg
½ l trockener Weißwein
1 Zwiebel, gespickt mit einer Nelke und einem Lorbeerblatt
Salz, Pfeffer

Für die Sauce:
300 g rote Paprika
100 g Butter
Salz, Sherryessig

Für die Spinatbeutel:
70 g große Spinatblätter
½ Sellerieknolle, geschält und in Salzwasser gekocht
1 EL zerlassene Butter
⅛ l Sahne
Schnittlauch zum Zubinden der Beutel

Den Karpfen filetieren und entgräten (am besten beim Fischhändler machen lassen). Den Weißwein mit der gleichen Menge Wasser und der gespickten Zwiebel aufkochen, mit Salz und Pfeffer würzen. Die Karpfenfilets in den Sud legen und drei bis vier Minuten ziehen (nicht kochen) lassen. Herausnehmen und mit einer Pinzette verbliebene Gräten herausziehen. Den Fisch mit Pergamentpapier abdecken und warm stellen. Den Sud aufbewahren.
Für die Spinatbeutel die Blätter kurz in Salzwasser kochen und in Eiswasser abschrekken. Auf einem Sieb gut abtropfen lassen. Den gekochten Sellerie in Stücke schneiden und im Mixer pürieren. Das Püree mit zerlassener Butter und der Sahne in einem kleinen Topf erwärmen und abschmecken.
Auf je zwei oder drei schöne große Spinatblätter etwas Selleriepüree verteilen, dann zu einem Beutel zusammenfalten und mit einem Schnittlauchhalm zusammenbinden. Warm stellen.
Für die Sauce die Paprikaschoten vierteln, entkernen und in dem Fischsud weichkochen. Herausnehmen und im Mixer pürieren. Dabei so viel Fischsud zugeben, daß eine leicht flüssige Sauce entsteht. Durch ein feines Sieb passieren. In einer Kasserolle erhitzen, mit dem Schneebesen Butterflokken unterrühren, mit Salz und Sherryessig abschmecken.
Spinatbeutel in Tellermitte anordnen, die Fischfilets in Gulaschstücke schneiden und rundherum anrichten. Zum Schluß mit der Paprikasauce umgießen.

Gedämpfte Hähnchenbrust mit Zimtsabayon und Zucchinispaghetti

Vier Portionen

Abbildung Seite 98 / 99

4 Hähnchenbrüste
2 l Wasser
20 frische Salbeiblätter
Salz, Pfeffer

Für die Sauce:
⅛ l heller Fond vom Geflügel (siehe Seite 191)
1 Zimtstange
1 dl Weißwein
1 dl Noilly Prat (französischer Wermut)
4 Eigelb
Salz, Pfeffer

Für das Gemüse:
4 mittelgroße Zucchini
30 g Butter
Salz, Pfeffer

In einem Dampftopf das Wasser mit den Salbeiblättern aufkochen. Anstelle von Salbei kann man auch Sellerieblätter, Thymian, Estragon, Rosmarin oder Basilikum verwenden. Eine Minute stark kochen lassen und den Topf vom Herd nehmen. Die ausgelösten, mit Salz und Pfeffer leicht gewürzten Hähnchenbrüste in den Dämpfer legen und zugedeckt fünf Minuten ziehen lassen. Das Wasser im Topf darf dabei nicht mehr kochen.
Für die Sauce den Geflügelfond mit der Zimtstange um die Hälfte einkochen. Weißwein und Noilly Prat dazugießen, mit flotter Hitze wieder um die Hälfte einkochen. Die Zimtstange herausnehmen, die Eigelb dazugeben und auf einem Wasserbad mit dem Schneebesen die Reduktion zu einem schaumigen Sabayon aufschlagen. Mit Salz und Pfeffer abschmecken.
Mit einem Ziselierer die Schale der Zucchini spaghettiähnlich abschälen und in Butter kurz anschwenken. Mit Salz und Pfeffer abschmecken.
Die Hähnchenbrust auf den Zucchini-Spaghetti anrichten und mit der Sauce übergießen.

Truthahnbrustspiralen mit Currysauce

Vier Portionen

Abbildung Seite 98 / 99

4 Truthahnschnitzel à 150 g, ohne Sehnen
Salz, Pfeffer, Chinagewürz
100 g mittelgroße Spinatblätter, blanchiert
Butter zum Braten

Für die Sauce:
1 Banane, geschält
1 Apfel, geschält und entkernt
1 mittelgroße Zwiebel, geschält
Pflanzenöl zum Anbraten
1 EL milder Curry
½ l heller Fond vom Geflügel (siehe Seite 191)
2 EL Mango Chutney
Milch einer Kokosnuß
¼ l Sahne
Salz, Pfeffer

Für die Beilage:
2 mittelgroße Süßkartoffeln
Zucker
Butter
¼ l Sahne
Salz, Pfeffer

Die Truthahnschnitzel zwischen zwei Plastikfolien legen und mit einem Klopfer sehr dünn klopfen. Die Folien entfernen, die Schnitzel mit Salz, Pfeffer und Chinamischung würzen. Mit dem Spinat dünn, aber vollkommen belegen, und jedes Schnitzel fest einrollen (ohne Folie). Mit einer dünnen Schnur so binden, daß jede Rolle gut zusammenhält. In Butter rundum anbraten. Auf lauwarme Teller legen, in den 75 Grad warmen Ofen stellen und 40 Minuten garen. Die präzise Temperatur ist Bedingung für das Gelingen des Rezepts. Die Rollen können bis zum Anrichten im Ofen bleiben; den beim Garen entstehenden Saft zum Schluß in die Sauce rühren.
Für die Sauce Banane, Apfel und Zwiebel kleinschneiden. In Öl anbraten und mit dem Curry bestäuben. Mit der Geflügelbrühe ablöschen, Mango Chutney und Kokosmilch dazugeben. Die Sahne angießen und 30 Minuten sanft köcheln lassen. Im Mixer pürieren und durch ein feines Sieb passieren. Mit Salz und Pfeffer abschmecken.
Für die Beilage die Süßkartoffeln schälen und in leichtem Zuckerwasser fast weichkochen; das dauert je nach Sorte 15 bis 25 Minuten. Die Kartoffeln auskühlen lassen, in Scheiben schneiden und flach in gebutterte Auflaufformen schichten. Die Sahne mit Salz und Pfeffer leicht würzen. Über die Kartoffeln schütten und im 220 Grad heißen Ofen so lange backen, bis die Oberfläche goldgelb ist und die Kartoffeln die Sahne aufgesogen haben.
Die Truthahnrollen in Scheiben aufschneiden und auf der Currysauce anrichten.

DESSERTS

Kletzeneis mit eingelegten Beeren

Sechs Portionen

Abbildung Seite 100 / 101

250 g Sahne
250 g Milch
4 Eigelb
75 g Zucker
Mark einer Vanilleschote
300 g Kletzen, in Wasser eingeweicht (Kletzen sind Trocken- oder Dörrbirnen)
5 cl Birnengeist
Himbeeren, in Himbeergeist eingelegt
Brombeeren, in Brombeergeist eingelegt
⅓ l Cassissauce (siehe Seite 172 – Blätterteigpyramide)
1 EL Pistazien, gehackt

Die eingeweichten Kletzen durch ein Sieb passieren. Mit Sahne, Milch, Eigelb, Zucker und Vanille verrühren, aufkochen und »zur Rose abziehen«. Kalt werden lassen, den Birnengeist unterrühren und in der Sorbetière gefrieren.
Pro Portion zwei Eiskugeln anrichten und mit der Cassissauce umgießen. Mit Himbeeren, Brombeeren und gehackten Pistazien garnieren.

DESSERTS

Crème double Caramel

Acht Portionen

Abbildung Seite 100 / 101

¼ l Crème fraîche, ¼ l Crème double
4 Eier, 3 Eigelb
100 g Zucker
Mark einer Vanilleschote

Für den Karamel:
500 g Zucker
¼ l Wasser

Für die Garnitur:
Geschlagene Sahne, mit Puderzucker und Vanille abgeschmeckt

Für den Karamel Zucker und Wasser in einem absolut sauberen Chrom-Nickeltopf kochen, bis 150 Grad erreicht sind. Dann sollte der Zucker goldbraun sein. Zwischendurch mit einem nassen Naturhaarpinsel am Kochrand entlangstreichen, falls Zucker kristallisieren sollte. Acht Auflaufformen mit dem heißen Karamel drei bis vier Millimeter hoch ausgießen.
Die Zutaten für die Creme in eine Schüssel geben, mit dem Schneebesen gut durchrühren. Die Mischung bis knapp unter den Rand in die Auflaufformen füllen, in ein Wasserbad stellen und im 80 Grad heißen Ofen 90 Minuten pochieren. Über Nacht gut durchkühlen, Crème stürzen, mit Sahne garnieren.

DESSERTS

Kirschen-Dreierlei

Acht Portionen

Abbildung Seite 102 / 103

1 kg große Herzkirschen
Frische Minzeblätter zum Garnieren

Für die Marinade:
5 cl Kirschbrand
4 cl Maraschino
5 cl Kirschlikör
Zucker

Für das Sorbet:
½ l frischer Kirschsaft
Saft einer Zitrone
150–250 g Zucker, je nach Süße des Saftes

Die Kirschen entsteinen und in dem gemischten Alkohol mit etwas Zucker für etwa drei Stunden marinieren.
Für das Sorbet den Kirschsaft mit Zitronensaft und Zucker abschmecken. Er darf nicht zu süß, aber auch nicht zu sauer sein, da die Konsistenz auch vom Zuckeranteil abhängt. Den Saft in einer Sorbetière kalt rühren.
Auf gekühlten Tellern die marinierten Kirschen anrichten und mit der Marinade übergießen. Eine Kugel Kirschsorbet in die Mitte geben und mit Minze dekorieren.

DESSERTS

Blutorangenterrine mit Cassissauce

Für eine Terrine/Acht Portionen

Abbildung Seite 102 / 103

1 l Orangensaft, frisch gepreßt
200 g Puderzucker
10 Blatt Gelatine
300 g Crème fraîche
15 mittelgroße Blutorangen
4 cl Grand Marnier
Crème fraîche zum Garnieren

Für die Sauce:
500 g schwarze Johannisbeeren
¼ l Cassis
100–200 g Zucker

Den Orangensaft auf ein Drittel einkochen und mit dem Puderzucker vermischen. Die eingeweichte Gelatine in dem Orangensaftkonzentrat auflösen und abkühlen lassen. Kurz bevor die Masse fest zu werden beginnt, die Crème fraîche unterrühren.
Die Blutorangen filetieren, gut abtropfen lassen und zum Schluß zum gelierenden Saft geben. Mit Grand Marnier abschmecken.
Eine kleine Terrinenform (etwa 1 Liter Inhalt) mit Klarsichtfolie auslegen und die Masse einfüllen. Glatt streichen und über Nacht gut durchkühlen.
Für die Sauce die Johannisbeeren durch ein feines Sieb passieren, mit Cassis mischen und mit Zucker abschmecken.
Die Terrine stürzen und mit einem Elektromesser gleichmäßig aufschneiden. Die Scheiben auf der Cassissauce anrichten und mit Crème fraîche garnieren.

VORSPEISEN

Gebackene Lammleberknödel auf warmem Radieschensalat

Vier Portionen

Abbildung Seite 106 / 107

4 altbackene Brötchen
Milch zum Einweichen (ca. ⅛ l)
100 g Schalotten
Butter
200 g Lammleber
2 Eiweiß von kleinen Eiern
Majoran
1 EL glatte Petersilie, gehackt
Knoblauch nach Geschmack
Salz, Pfeffer aus der Mühle
Schweinenetz (vom Metzger)
Schnittlauch zum Garnieren, fein geschnitten

Für den Salat:

600 g große Radieschen
Sherry-Essig, Olivenöl
Salz, Pfeffer aus der Mühle

Die Brötchen in Würfel schneiden und in der Milch einweichen. Die Schalotten in Butter anschwitzen und mit der durch den Fleischwolf gedrehten Leber mischen. Die eingeweichten Brötchen, das geschlagene Eiweiß und die Kräuter dazugeben. Zu einem lockeren Teig mischen und abschmecken. Knödel formen und einzeln in Schweinenetz einwickeln. Eine Bratform buttern, die Knödel hineinlegen und im 220 Grad heißen Ofen circa 20 Minuten backen.
Die Radieschen in feine Streifen schneiden. Essig und Öl verrühren und damit die Radieschen marinieren. In der Pfanne kurz anschwenken (bei zu starker Hitze verlieren die Radieschen ihre Farbe und die frische Schärfe).
Die gebackenen Knödel auf dem warmen Salat anrichten und mit Schnittlauch garnieren.

VORSPEISEN

Krautwickel vom Lammrücken

Vier Portionen

Abbildung Seite 106 / 107

400 g Lammrücken, ausgelöst und pariert
½ Wirsing- oder Weißkohl, blanchiert
Salz, Pfeffer aus der Mühle
Butter zum Braten
1 dl brauner Fond vom Lamm (siehe Seite 191)
Frische Kräuter nach Angebot, fein gehackt (zum Beispiel Basilikum, Schnittlauch, Petersilie, Estragon, Koriander)
¼ l Lammjus

Für die Farce:

70 g Schweinhals, 70 g Lammkeule
50 g Lammnieren, gewürfelt und kurz angebraten
50 g Kalbsbries, gewürfelt und gekocht

Für die Ratatouille:

1 kleine rote Paprika
1 Aubergine, 1 Zucchini
2 Tomaten, 3 Schalotten
Olivenöl
Thymian, Knoblauch, Rosmarin, Salz, Pfeffer

Für das Gratin Dauphinois:

5–6 mittelgroße, mehlige Kartoffeln
¼ l Sahne, 1 Knoblauchzehe, Salz, Muskat

Für die Farce Schweinehals und Lammkeule zweimal durch die feine Scheibe des Fleischwolfs drehen. Mit Salz und Pfeffer abschmecken, Nieren- und Brieswürfel dazu.
Die in Salzwasser blanchierten Kohlblätter flach auslegen und mit der Farce dünn bestreichen. Den leicht gewürzten Lammrükken auf die Blätter legen und vorsichtig einschlagen.
Den Krautwickel in Butter anbraten und im 150 Grad heißen Ofen in circa zwölf Minuten rosa braten. Während der Bratzeit mehrmals mit Lammjus begießen.
Die Lammsauce aufkochen und passieren, die frischen Kräuter einrühren und abschmecken.
Für die Ratatouille Paprika, Aubergine und Zucchini waschen und in feine Würfel schneiden. Die Tomaten enthäuten, entkernen und das Fruchtfleisch würfeln. Die Schalotten fein schneiden und in Olivenöl andünsten. Die Gemüsewürfel und die Gewürze dazugeben und leicht schmoren. Vor dem Anrichten die Gewürze entfernen.
Für das Gratin die Kartoffeln schälen und in dünne Scheiben schneiden. Eine Gratinform mit Knoblauch kräftig ausreiben. Die Kartoffelscheiben mit Salz und etwas Muskat würzen und gleichmäßig in die Form schichten. Mit der Sahne übergießen und im 200 Grad heißen Ofen circa 45 Minuten backen. Wenn die Oberfläche goldbraun ist, die Hitze reduzieren.

VORSPEISEN

Glacierte Ochsengaumen mit Kalbsleber und Gemüsen

Vier Portionen

Abbildung Seite 108 / 109

4–6 rohe Ochsengaumen (beim Metzger bestellen)
3 l Wasser
100 g Sellerie, geschnitten
100 g Karotten, geschnitten
100 g Zwiebeln, geschnitten
100 g Lauch, geschnitten
Salz, Pfeffer
¼ l brauner Kalbsfond (siehe Seite 191)
30 g Butter für die Sauce
200 g Kalbsleber, in vier kleinen Scheiben, sorgfältig pariert
20 g Butter für die Leber
100 g Karottenstreifen, blanchiert
100 g Zucchinistreifen, blanchiert
Butter zum Anschwenken der Gemüse
Zur Saison von Mitte Mai bis Mitte Juni: Schnittlauchblüten, mit Vinaigrette mariniert

Die Ochsengaumen mit den Gemüsen, Salz und Pfeffer in Wasser weichkochen. Die Ochsengaumen müssen circa drei Stunden leicht köcheln. Herausnehmen, vorsichtig die weiße Haut entfernen und die Ochsengaumen in einen Zentimeter breite Streifen schneiden. In den braunen Kalbsfond geben und den Fond einkochen, bis eine dickflüssige Sauce entstanden ist. Abschmecken und mit einem Holzlöffel die Butter unterrühren.
Die Leberscheiben mit Salz und Pfeffer würzen. In der Butter rosa braten. Die Gemüsestreifen in Butter warm schwenken.
Die Ochsengaumenstreifen auf Tellern sternförmig anrichten, die Leberscheiben in die Mitte legen, mit der Sauce nappieren und mit den Gemüsestreifen dekorieren. Zur Saison die mit einfacher Vinaigrette marinierten Schnittlauchblüten dazugeben.

Rehbeuscherl mit gefülltem Semmelknödel

Vier Portionen

Abbildung Seite 108 / 109

200 g Rehlunge
200 g Rehherz
½ l Wasser
¼ l trockener Rotwein
50 g Selleriewürfel
50 g Karottenwürfel
50 g Schalottenwürfel
50 g Petersilienwurzelwürfel
50 g Lauch
1 Lorbeerblatt
Wacholderbeeren
Salz, Pfeffer
25 g Butter
10 g Mehl
100 g Essiggurke
2 EL Crème fraîche
Weißweinessig

Für die Knödel:
6 altbackene Semmeln
¼ l Milch zum Einweichen
3 Eier
Salz, Pfeffer
2 EL Zwiebeln, fein gehackt
1 EL Petersilie, fein gehackt
80 g Morcheln, eingeweicht und abgetropft
Salz, Pfeffer, Muskat

Lunge und Herz mit kaltem Wasser gut waschen, alle Häutchen und Adern wegschneiden. Wasser mit Rotwein und den Gemüsen aufkochen, Herz und Lunge hineingeben. Die Gewürze dazugeben, leicht salzen und pfeffern. Nach einigen Minuten Kochzeit abschäumen und etwa eine Stunde sanft köcheln lassen. Lunge und Herz herausnehmen und zugedeckt warmstellen. Den Fond um ein Drittel einkochen und passieren. Aus Butter und Mehl eine braune Mehlschwitze herstellen, mit dem reduzierten Kochfond ablöschen und mit dem Schneebesen verrühren. Eine knappe halbe Stunde kochen lassen und noch einmal passieren.
Herz, Lunge und Essiggurke in feine Streifen schneiden. Mit der Sauce mischen, die Crème fraîche unterrühren, mit Salz, Pfeffer und Weißweinessig abschmecken.
Für die Knödel die Semmeln in Scheiben schneiden und in Milch einweichen. Nach zwanzig Minuten etwas Milch nachgießen, wenn nicht alle Scheiben durchgeweicht sind. Sollte man zuviel Milch genommen haben, das Brot ausdrücken. Mit den Eiern mischen, die Masse mit Salz und Pfeffer abschmecken. Zwiebel in Butter glasig andünsten, die Morcheln dazugeben und durchschwenken. Petersilie zugeben, mit Salz und Pfeffer abschmecken.
Die Knödel formen und die Pilze in die Mitte geben. In kochendem Salzwasser zehn Minuten garen.

Semmelknödelsoufflé mit Steinpilzen

Vier Portionen

Abbildung Seite 110 / 111

1 EL Schalotten, fein geschnitten
25 g Butter
⅛ l Sahne
1 Eigelb
4 altbackene Semmeln, in feine Scheiben geschnitten
1 EL gebratener Rauchspeck, sehr fein gewürfelt
1 EL Petersilie, fein gehackt
2 Eiweiß
20 g Butter für die Formen
Geräucherter Speck, hauchdünn aufgeschnitten, zum Auslegen der Formen
Schnittlauch zum Garnieren, fein geschnitten

Für die Steinpilze:
1 Schalotte, fein geschnitten
Butter zum Andünsten
300 g Steinpilze, in Scheiben geschnitten
1 dl Kalbs- oder Geflügelfond (siehe Seite 191)
¼ l Sahne
Salz, Pfeffer aus der Mühle

Die Schalotten in Butter anschwitzen. Mit der Sahne, dem Eigelb und den Semmelscheiben mischen. Petersilie und Speckwürfel dazugeben. 25 Minuten stehen lassen, damit das Brot gut durchzieht. Sollte der Teig sehr trocken sein, etwas Milch dazugeben. Es darf aber nur so viel sein, daß die Knödelmasse zusammenhält. Nicht zu oft umrühren, denn der Teig muß locker bleiben und darf nicht klebrig werden. Noch einige Minuten ruhen lassen und kurz vor dem Einfüllen in die Soufflèformen die geschlagenen Eiweiß unterheben.
Soufflèformen buttern, mit hauchdünn geschnittenen Speckscheiben den Boden der Formen auslegen (damit sich die Soufflés besser stürzen lassen) und die Knödelmasse einfüllen. In ein Wasserbad stellen und im 180 Grad heißen Ofen circa 20 Minuten pochieren.
Die Schalotte in Butter andünsten, die Pilzscheiben hineingeben, kurz anschwenken und sofort aus der Pfanne nehmen. Die Pfanne mit dem Fond ablöschen, die Sahne dazugießen und bei flotter Hitze um etwa ein Drittel einkochen. Durch ein Sieb passieren und die Pilzscheiben wieder hineingeben. Mit dem Mixstab aufmontieren und abschmecken.
Die Soufflés auf Teller stürzen, mit der Steinpilzsauce umgießen und mit fein geschnittenem Schnittlauch garnieren.

Lammbratwürstel mit Trüffelsauce und Lauch

Sechs Portionen

Abbildung Seite 112 / 113

400 g magere Lammschulter
2 kleine Zwiebeln, grob geschnitten
1 Knoblauchzehe
200 g Eiswürfel
150 g Lammkeule
⅛ l Sahne
1 EL Petersilie, fein gehackt
½ TL Majoran, fein gehackt
Salz, Pfeffer
Schafsaitlinge (dünne, gereinigte Schafdärme)
Butter zum Braten

Für den Lauch:
800 g Lauch, der Länge nach halbiert, gewaschen und in Scheiben geschnitten
75 g Butter
1 dl heller Kalbsfond (siehe Seite 191)
¼ l Sahne
Salz, Pfeffer

Für die Sauce:
½ l brauner Kalbsfond (siehe Seite 191)
5 cl trockener Madeira
20 g Butter
30 g schwarze Trüffeln, feingehackt

Die Lammschulter mit der Zwiebel und dem Knoblauch zweimal durch die feinste Scheibe des Fleischwolfs drehen. Im Küchencutter diese Mischung unter langsamer Zugabe der Eiswürfel zu einer glatten Masse cuttern und in eine Schüssel geben.
Das Lammkeulenfleisch durch die grobe Fleischwolfscheibe drehen und zu dem gecutterten Fleisch geben. Mit einen Holzlöffel langsam die Sahne untermengen. Die Farce mit Petersilie, Majoran, Salz und Pfeffer abschmecken. Für eine Geschmacksprobe etwas von der Farce in einer Pfanne anbraten und gegebenenfalls nachwürzen.
Am besten läßt sich die Farce mit einer Wurstpresse in die Saitlinge füllen. Die Därme alle zehn Zentimeter abbinden und in Salzwasser bei 80 Grad 15 Minuten pochieren. In kaltem Wasser abschrecken und abkühlen lassen. Die Würstchen nur kurz im Wasser lassen, da sie sonst an Geschmack verlieren. Die Haut abziehen, die Würstchen in Butter braten und auf Küchenkrepp abtropfen lassen.
Den Lauch in Butter anschwitzen und mit dem Kalbsfond ablöschen. Zudecken und fünf Minuten dämpfen. Die Sahne zugießen und den Lauch weichkochen. Wenn der Lauch fertig ist, sollte die Sahne fast vollkommen verkocht sein. Mit Salz und Pfeffer abschmecken.
Für die Sauce den Kalbsfond mit dem Madeira um etwa die Hälfte einkochen und mit der Butter montieren. Die feingehackten Trüffeln dazugeben, nur noch kurz kochen lassen und abschmecken.

VORSPEISEN

Lammblutwürstel auf Kartoffelpüree

Zwölf Portionen

Abbildung Seite 112 / 113

1 l Lammblut (beim Metzger bestellen)
⅓ l Milch
150 g Zwiebeln, fein geschnitten
2 Knoblauchzehen, fein gehackt
50 g Butter
200 g Kalbsbries, gekocht und fein gewürfelt
4 Semmeln, einen Tag alt und fein gewürfelt
3 EL Petersilie, fein gehackt
3 EL Schnittlauch, fein geschnitten
Salz, Pfeffer, Muskat
Thymian und Majoran, gerieben
Schafsaitlinge (dünne, gereinigte Schafdärme)
Butter zum Anbraten

Für die Sauce:

1 l brauner Lammfond (siehe Seite 191)
1 frischer Thymianzweig
1 Knoblauchzehe, fein gehackt
1 kleiner Rosmarinzweig
50 g Butter
Feingehackte Kräuter als Einlage für die Sauce (Basilikum, Estragon, Petersilie)

Für die Beilage:

Kartoffelpüree mit Röstzwiebeln (Zubereitung siehe Seite 167 – Fasanen-Ravioli)

Mit einem Rührgerät in einer Schüssel Blut und Milch vermischen.
Zwiebeln und Knoblauch in Butter glasig andünsten. Das Kalbsbries zugeben und den Topf vom Herd nehmen. Brotwürfel und gehackte Kräuter zugeben. Gut mischen und mit einem Schneebesen in das Blut einrühren. Mit Salz, Pfeffer, Thymian, Majoran und Muskat kräftig abschmecken.
Mit einem Spitzsack in die vorbereiteten Schafdärme füllen, ungefähr alle sieben Zentimeter mit einer Schnur abbinden. Circa 20 Minuten bei 85 Grad pochieren, in kaltem Wasser abkühlen und im Kühlschrank bis zur weiteren Verwendung aufbewahren.
Für die Sauce den Lammfond mit Thymian, Knoblauch und Rosmarin um ein Drittel einkochen, passieren und mit der Butter montieren. Zum Schluß die frischen Kräuter einrühren und abschmecken.
Die enthäuteten Würstchen in Butter kurz anbraten, bis sie von allen Seiten Farbe haben.
Die Würstchen auf dem Kartoffelpüree anrichten, mit der Sauce umgießen und mit Röstzwiebeln garnieren.

SUPPEN

Kartoffelsuppe mit Forellenkaviar

Zehn Portionen

Abbildung Seite 114 / 115

1 kg mehlige Kartoffeln, geschält und gewürfelt
100 g Schalotten, grob geschnitten
50 g Sellerie, grob geschnitten
50 g Lauch, grob geschnitten
50 g Petersilienwurzel, grob geschnitten
Butter zum Andünsten
50 g Speck, geräuchert
1 l heller Kalbsfond (siehe Seite 191)
1 Majoranzweig
5 Wacholderbeeren
10 Pfefferkörner
2 Lorbeerblätter
½ l Sahne
Salz, Pfeffer

Für die Garnitur:

Je 25 g Lauch, Sellerie und Karotten, fein geschnitten und kurz blanchiert
Frischer Forellenkaviar, ersatzweise auch Lachs- oder Saiblingskaviar

Die grob geschnittenen Schalotten mit den Gemüsen in Butter andünsten, den Speck dazugeben und einige Minuten ziehen lassen. Die Kartoffelwürfel dazugeben und mit Kalbsfond auffüllen. So viel Wasser dazugießen, daß alle Zutaten gut bedeckt sind. Die Gewürze hineingeben und kochen, bis Kartoffeln und Gemüse gut weich sind (circa 45 Minuten). Durch ein feines Sieb passieren und die Suppe mit der Sahne noch einmal aufkochen. Mit Salz und Pfeffer abschmecken.
Vor dem Servieren die Suppe mit dem Handmixer aufschlagen und auf Tellern verteilen. Mit den Gemüsen und dem Forellenkaviar garnieren.

SUPPEN

Kraftbrühe mit Milzbiskuit

Zehn Portionen

Abbildung Seite 114 / 115

2 l Kraftbrühe (siehe Seite 191)
5 Eigelb
80 g Zucker
5 Eiweiß
100 g Mehl
25 g zerlassene Butter

Für die Farce:

100 g Milz
1 Schalotte
1 EL Petersilie, fein gehackt
Salz, Pfeffer

Für den Biskuit die Eigelb mit der Hälfte des Zuckers schaumig rühren, die Eiweiß mit dem restlichen Zucker steif schlagen. Beide Massen sorgfältig mischen und das Mehl vorsichtig untersieben. Zum Schluß die zerlassene Butter dazugeben. Die Masse gleichmäßig auf gefettetes Pergament- oder Backpapier etwa vier Millimeter dick aufstreichen. Im 200 Grad heißen Ofen goldbraun ausbacken (10 bis 15 Minuten).
Die Zutaten für die Füllung der Biskuitroulade durch die feine Scheibe des Fleischwolfs drehen, mit Salz und Pfeffer abschmecken. Mit einer Palette dünn auf den gebackenen Biskuit streichen und bei Oberhitze stocken lassen (circa drei Minuten).
Den noch warmen Biskuit zur Roulade aufrollen und dabei das Papier entfernen. Abkühlen lassen und in Scheiben von einem halben Zentimeter Breite schneiden.
Die heiße Brühe in Tassen füllen und vor dem Servieren die Biskuitscheiben hineingeben.

Kalbszunge mit Rotwein-Schalotten

Vier Portionen

Abbildung Seite 116/117

2 Kalbszungen
½ l trockener Weißwein
2 l Wasser
100 g Karotten, grob geschnitten
100 g Sellerie, grob geschnitten
100 g Lauch, in Scheiben geschnitten
100 g Zwiebel, grob gewürfelt
2 Lorbeerblätter
Salz, Pfeffer

Für die Schalotten:
20 gleichgroße, schöne Schalotten
½ l trockener Rotwein
60 g Butter
1 EL Zucker

Für die Beilage:
Gratin dauphinois
(Zubereitung siehe Seite 180 – Krautwickel)
Zum Garnieren Schnittlauch, fein geschnitten

Weißwein und Wasser mit den grob geschnittenen Gemüsen und den Gewürzen aufkochen. Die Kalbszungen in den Fond geben und weichkochen (circa neunzig Minuten).
Für die Schalotten den Rotwein mit einem halben Liter Zungen-Kochfond mischen. Die geschälten Schalotten hineingeben, weichkochen (circa vierzig Minuten) und mit einem Schaumlöffel herausnehmen. Den Fond auf weniger als einen Viertelliter einkochen und mit der Butter montieren. Die Schalotten wieder in die Sauce legen, den Zucker zugeben und durchschwenken. 15 Minuten ziehen lassen, dann sollte der Rotweinfond lackartig eingekocht sein.
Die gekochten Zungen der Länge nach in Scheiben aufschneiden. In Tellermitte ein Stück rund ausgestochenen Gratin dauphinois geben und mit den Rotwein-Schalotten umlegen. Die Zungenscheiben rundherum anrichten, mit etwas vom Kochfond nappieren und mit Schnittlauch garnieren.

Pfifferlingsstrudel mit Petersiliensauce

Vier Portionen

Abbildung Seite 116/117

500 g kleine Pfifferlinge, geputzt
30 g Schalotten, fein geschnitten
50 g Butter
1 EL Petersilie, fein gehackt
Salz, Pfeffer

Für den Strudelteig:
100 g Mehl
ca. 5 cl Wasser, lauwarm
ca. 10 g Öl
1 Prise Salz

Für die Sauce:
¼ l heller Kalbsfond (siehe Seite 191)
¼ l Sahne
4 EL Petersilie, gehackt

Die Schalotten in Butter anschwitzen und die Pfifferlinge dazugeben. Den Saft der Pilze völlig einkochen, die Petersilie unterrühren, mit Salz und Pfeffer abschmecken. Abkühlen lassen.
Mit einem Teigrührgerät den Strudelteig anrühren, gut durcharbeiten und eine Stunde ruhen lassen. Den Teig dünn ausrollen und anschließend auf einem bemehlten Blech so dünn wie möglich ausziehen (man sollte durch den Teig durchschauen können). Die Pfifferlinge auf dem Teig auslegen und aufrollen. Die Strudel-Oberseite mit Wasser oder Eigelb einstreichen. Auf ein Backblech legen und im 220 Grad heißen Ofen 30 bis 40 Minuten backen.
Für die Sauce den Kalbsfond mit der Sahne aufkochen und um die Hälfte einkochen. Die Petersilie zugeben und im Mixer pürieren, bis sie sich fast aufgelöst hat. Mit Salz und Pfeffer abschmecken.
Den Strudel in Scheiben aufschneiden und mit der Sauce umgießen.

Schweinshaxe in dunklem Bier

Vier Portionen

Abbildung Seite 118/119

100 g Kalbsbrät (vom Metzger)
30 g Sahne
1 EL Trüffelwürfel
1 EL Pistazien
Salz, Pfeffer aus der Mühle
2 vordere Schweinshaxen, gepökelt und ausgelöst
Öl zum Anbraten
¼ l trockener Rotwein
1 l brauner Fond (siehe Seite 191)
½ l dunkles Bockbier

Für die Beilage:
Kartoffel-, Karotten-, Sellerie- und Zucchinikugeln, Frühlingszwiebeln, Erbsenschoten; alle Gemüse blanchiert und in Butter geschwenkt

Das Kalbsbrät mit der Sahne montieren, Trüffelwürfel und Pistazien dazugeben, mit Salz und Pfeffer abschmecken. Die vom Metzger ausgelösten Haxen mit dieser Farce füllen und würzen. Mit einer Schnur ringsherum binden und in einer Kasserolle anbraten. Mit Rotwein ablöschen, den Fond zugießen und etwa zweieinhalb Stunden im 190 Grad heißen Ofen zugedeckt schmoren. Das Bier aufgießen und 30 Minuten glacieren; in dieser Zeit die Haxen immer wieder übergießen. Am Ende der Kochzeit sollte der Schmorfond stark eingekocht sein; er wird als Sauce zur Haxe serviert.
Die halbierten Haxen mit der Sauce und den in Butter geschwenkten Gemüsen anrichten.

Gefüllter Ochsenschwanz mit jungem Knoblauch

Vier Portionen

Abbildung Seite 120 / 121

1 ganzer Ochsenschwanz
200 g feines, weißes Kalbsbrät (vom Metzger)
100 g Sahne
1 altbackene Semmel, fein gewürfelt
Olivenöl zum Anbraten

Für die Sauce:
Ochsenschwanzknochen
100 g Zwiebeln
100 g Karotten
100 g Sellerie
Abschnitte der Knoblauchzehen
1–2 reife Tomaten
1 Flasche Châteauneuf-du-Pape
6 Pfefferkörner, zerdrückt
Rosmarin, Thymian, Lorbeer
Wacholderbeeren, Salz, Pfeffer
Butter

Für die Knödel:
4 altbackene Semmeln
Milch zum Einweichen
30 g Butter
1 EL Schalotten, fein gehackt
2 dünne Scheiben Frühstücksspeck, fein gewürfelt
1 EL Petersilie, gehackt
1 Ei
Salz, Pfeffer
1 Plastikwurstdarm (vom Metzger)

Für den Knoblauch:
2 junge, frische Knoblauchknollen
Salz
Butter zum Anbraten

Den Ochsenschwanz von der unteren Seite her der Länge nach auslösen. Vorsichtig schneiden, es dürfen keine Löcher entstehen – das verlangt etwas Übung und Geschicklichkeit. Am besten eignet sich ein Ausbein- oder kleines Küchenmesser. Den ausgelösten Ochsenschwanz mit der Außenseite nach unten so auf die Arbeitsplatte legen, daß ein spitzwinkliges Dreieck entsteht.
Für die Füllung die Sahne langsam und vorsichtig (damit die Farce nicht gerinnt) unter das Kalbsbrät rühren, zum Schluß die Weißbrotwürfel dazugeben und noch einmal kräftig durchrühren. Auf den ausgelösten Ochsenschwanz so auftragen, daß dort, wo die dickeren Knochen waren, mehr Farce ist; zur Schwanzspitze hin die Füllung dünner auftragen. Den Ochsenschwanz zusammenrollen und vorsichtig zu seiner ursprünglichen Form zusammenbinden.
In eine schwere Kupferbratform (eine Reine, die so groß sein muß, daß Gemüse, Knochen und Fleisch gerade hineinpassen) den Ochsenschwanz und die ausgelösten, gehackten Knochen (Drei-Zentimeter-Würfel) geben. In Olivenöl im 230 Grad heißen Ofen anbraten, bis alles hellbraun ist. Die in Drei-Zentimeter-Würfel geschnittenen Gemüse (Zwiebeln, Karotten, Sellerie) dazugeben und mehrmals umrühren. Mit dem Châteauneuf-du-Pape ablöschen, den Bratensatz vom Boden lösen und den Topf bis zur Höhe des Ochsenschwanzes mit Wasser auffüllen. Kräuter und Gewürze dazugeben und schmoren. Dabei das Fleisch immer wieder begießen, mehrmals drehen und die Sauce umrühren. Die Hitze so dosieren, daß der Ochsenschwanz nur leise köchelt. Wenn sich an der Oberfläche viel Fett absetzt, mit einem Löffel hin und wieder abschöpfen. Nach drei Stunden sollte der Ochsenschwanz schön weich sein. Herausnehmen, in Alufolie wickeln und warm stellen.
Die Sauce durch ein Tuch passieren und auf etwa einen Viertelliter einkochen. Vor dem Anrichten etwas Butter einrühren und abschmecken.

Für die Knödel die Semmeln in Würfel schneiden und in etwas Milch einweichen. Nur so viel Milch nehmen, daß die Brotwürfel feucht sind, sie dürfen weder zu trocken noch zu klebrig sein. Sind die Würfel zu »naß«, muß man sie ausdrücken, und das ist nicht gut, weil dann die Knödel nicht mehr luftig-locker werden. Sind die Würfel zu trocken, haben die Knödel zu wenig Geschmack, das heißt sie schmecken lediglich nach Weißbrot. Da Semmeln unterschiedlich trocken sind, wäre es unsinnig, eine genaue Milchmenge anzugeben; Gefühl und Erfahrung müssen die Dosierung bestimmen.
Butter in der Pfanne zerlassen, die Schalotten- und Speckwürfel darin andünsten. Mit dem Brot mischen, die Petersilie und das Ei dazugeben. Gut umrühren, mit Salz und Pfeffer die lockere Knödelmasse abschmekken. Vorsichtig in den Wurstdarm füllen, zubinden und im 90 Grad heißen Wasserbad 20 Minuten pochieren. Aus dem Wasser nehmen und die »Wurst« mit einem scharfen Messer in Scheiben schneiden, die Darmhülle entfernen.
Den frischen Knoblauch schälen und in wenig Salzwasser dreimal blanchieren. Dabei das Wasser jeweils wechseln, durch diese Prozedur verliert der Knoblauch an Schärfe.
Vor dem Anrichten Knödelscheiben und Knoblauchzehen in Butter goldbraun braten.
Den Ochsenschwanz vorsichtig aufschneiden, damit die Scheiben nicht auseinanderfallen (geht am besten mit dem Elektromesser). Die Scheiben mit dem Knoblauch und dem Knödel-G'röstl anrichten und mit der Sauce nappieren.

Kalbsfuß mit Bärentatzen

Vier Portionen

Abbildung Seite 120 / 121

2 Kalbsfüße, gebrüht und gesäubert
(beim Metzger bestellen)
½ Sellerieknolle, gewürfelt
3 mittelgroße Karotten, gewürfelt
1 Stange Lauch, grob geschnitten
3 kleine Zwiebeln, gewürfelt
3 l Wasser
½ l Weißwein
½ l Sahne
60 g kalte Butter
Salz, Pfeffer, Sherryessig

Für die Pilze:
2 große Bärentatzen (»Krause Glucke«)
25 g Butter
⅛ l Kalbsfuß-Kochfond, passiert

Für die Garnitur:
2 EL Schnittlauch, fein geschnitten

Die vom Metzger vorbereiteten Kalbsfüße mit den Gemüsen ins Wasser geben und weichkochen (circa drei Stunden). Das Fleisch von den Knochen lösen, in Streifen schneiden und warm stellen.
Für die Sauce einen Liter vom Kochfond der Kalbsfüße passieren, mit dem Weißwein aufkochen und um die Hälfte einkochen. Die Sahne zugießen und wieder um die Hälfte einkochen. Die Butter einschwenken, mit Salz, Pfeffer und Sherryessig abschmecken. Die Kalbsfußstreifen in die Sauce rühren, noch einmal aufkochen und mit dem Stabmixer montieren.
Die Bärentatzen in eine ausreichend große Pfanne legen und in der Butter anbraten. Mit dem Kochfond ablöschen und zwei Minuten dämpfen.
Die Pilze in Tellermitte anrichten, mit der Kalbsfuß-Sauce umgießen und mit Schnittlauch garnieren.

Kalbshaxe mit Steinpilzen und Linsen

Vier Portionen

Abbildung Seite 122 / 123

2 kleine Kalbshaxen
Pflanzenöl zum Anbraten
50 g Sellerie, gewürfelt
50 g Zwiebeln, gewürfelt
50 g Karotten, gewürfelt
50 g Petersilienwurzel, gewürfelt
¼ l trockener Rotwein
¼ l brauner Kalbsfond (siehe Seite 191)
4 Wacholderbeeren, fein gehackt
Salz, Pfeffer

Für die Beilagen:

100 g schwarze (oder grüne) Linsen; wichtig ist, daß es sehr feine Linsen sind
30 g Butter
2 Schalotten, fein gehackt
¼ l heller Kalbsfond (siehe Seite 191)
Salz, Pfeffer, Sherryessig
24 kleine Steinpilze, geputzt
25 g Butter
Je 100 g »Bandnudeln« von Sellerie, Lauch und Karotten

Die Kalbshaxen bei 200 Grad in Öl rundherum anbraten. Wenn sie Farbe haben, die Gemüse dazugeben und langsam weiterrösten, bis Haxen und Gemüse dunkel sind. Mit dem Rotwein ablöschen und etwas einkochen. Den Kalbsfond und die Wacholderbeeren dazugeben. Die Haxen zwei bis zweieinhalb Stunden schmoren, während dieser Zeit immer wieder mit dem Fond übergießen. Wenn die Haxen fertig sind, sollte auch der Fond komplett eingekocht sein.
Die Linsen etwa zwei Stunden einweichen. Die Schalotten in der Butter glasig anziehen, die abgegossenen Linsen dazugeben und mit dem Kalbsfond auffüllen. Langsam kochen, bis die Linsen weich sind; möglicherweise noch etwas Wasser zugießen. Die fertigen Linsen mit Salz, Pfeffer und Sherryessig abschmecken.
Die geputzten Pilze ein paar Minuten in Butter anschwenken, mit Salz und Pfeffer würzen.
Sellerie, Karotten und Lauch roh in dünne Scheiben und anschließend in nudelbreite Streifen schneiden. In Salzwasser blanchieren, vor dem Anrichten die Gemüsenudeln in Butter warm schwenken und abschmecken.
Die Haxen vom Knochen lösen und in Scheiben schneiden. Auf den Gemüsenudeln anrichten, mit Pilzen und Linsen garnieren.

Lammhaxe, gesurt und geschmort, mit Gemüseperlen

Vier Portionen

Abbildung Seite 122 / 123

8 Haxen von jungen Lämmern, mit Knochen ca. 150 g pro Stück
Öl zum Anbraten
100 g Sellerie, gewürfelt
100 g Karotten, gewürfelt
100 g Zwiebeln, gewürfelt
100 g Petersilienwurzel, gewürfelt
2 reife Tomaten
¼ l Rotwein
¼ l brauner Fond vom Lamm (siehe Seite 191)
3 Knoblauchzehen
4 Wacholderbeeren
1 Lorbeerblatt
1 kleiner Thymianstrauß
1 Rosmarinzweig
Einige Pfefferkörner, zerdrückt

Für die Sur (Pökellake):

5 l Wasser
500 g Pökelsalz

Für die Garnitur:

50 g Karotten
50 g Sellerie
50 g Zucchini
50 g rote Bete
Alle Gemüse in Perlen ausgestochen und in Salzwasser blanchiert

Das Pökelsalz in Wasser auflösen und die Haxen für sechs Tage in die Lake einlegen. Herausnehmen und einen Tag wässern.
Die Haxen rundherum in Öl gut anbraten. Wenn sie eine schöne Farbe haben, die Gemüse und den Knoblauch dazugeben. Weiterrösten und dabei mehrmals umrühren. Die Tomaten zugeben, und wenn alles schön braun geworden ist, mit dem Rotwein ablöschen. Den Bratensatz vorsichtig vom Boden lösen, den Lammfond und alle Gewürze dazugeben. Die Haxen etwa zwei Stunden im Ofen schmoren, dabei hin und wieder mit dem Bratfond übergießen. Sollte der Fond zu stark einkochen, etwas Wasser nachfüllen. Wenn die Haxen weich sind, sollte auch die Sauce die richtige, lackähnliche Konsistenz haben. Die Haxen herausnehmen und die Sauce passieren.
Die Gemüseperlen in Butter anschwenken und würzen.
Je zwei Haxen über Kreuz anrichten, mit der Sauce nappieren und mit den Gemüseperlen bestreuen.

Spanferkel mit Schalottenconfit

Vier Portionen

Abbildung Seite 124 / 125

1 kleine Spanferkelkeule, ca. 1 kg
Salz, Pfeffer, Paprika
1 Flasche dunkles Bier

Für die Sauce:

1 kg Spanferkelknochen, in kleine Würfel gehackt
1 dl Pflanzenöl zum Anbraten
100 g Sellerie, gewürfelt
100 g Karotten, gewürfelt
100 g Zwiebeln, gewürfelt
¼ l trockener Rotwein
Wasser zum Auffüllen
2 Knoblauchzehen
Etwas Kümmel
1 Lorbeerblatt
¼ l brauner Kalbsfond (siehe Seite 191)
¼ l dunkles Bier

Für das Schalottenconfit:

30 g Rosinen, 30 g Korinthen
3 dl Wasser
500 g kleine Schalotten, geschält
75 g Butter, 25 g Zucker
Aceto Balsamico zum Abschmecken
1,5 dl trockener Weißwein
Etwas Thymian
2 Knoblauchzehen, fein gehackt
4 EL eingemachte Preiselbeeren
Salz, Pfeffer

Die Haut der Spanferkelkeule über Kreuz einritzen, mit Salz, Pfeffer und Paprika würzen. Die Keule am Spieß braten. Während der Bratzeit (circa 75 Minuten) die Keule immer wieder mit dunklem Bier einpinseln.
Für die Sauce die Knochen in Öl goldbraun anbraten, das Gemüse dazugeben und gut anrösten. Mit dem Rotwein ablöschen und mit Wasser auffüllen, bis die Knochen gut bedeckt sind. Knoblauch, Kümmel und Lorbeer dazugeben, nach einer Stunde den braunen Kalbsfond angießen und eine Stunde weiterkochen. Das dunkle Bier zugießen und wieder eine Stunde kochen. Durch ein Tuch passieren, zur gewünschten Konsistenz einkochen und abschmecken.
Für das Confit zuerst die Rosinen und Korinthen in dem Wasser einweichen. Die ganzen Schalotten in der Butter zehn Minuten bei milder Hitze anschwitzen; die Butter darf nicht schwarz werden. Den Zucker zugeben und mit etwas Essig ablöschen. Unter ständigem Rühren köcheln, bis der Zucker karamelisiert ist. Noch einmal mit Essig ablöschen. Korinthen und Rosinen mit dem Einweichwasser dazugeben. Weißwein, Thymian und Knoblauch zufügen. Zugedeckt köcheln, bis die Schalotten weich sind (circa 40 Minuten). Die Preiselbeeren unterrühren und köcheln, bis die Flüssigkeit eingedickt ist, dabei hin und wieder umrühren. Abschmecken und einige Stunden auskühlen.

BRATEN IM WOK

Gebratene Spargelspitzen

Vier Portionen

Abbildung Seite 128 / 129

20 weiße Spargel
Traubenkernöl zum Anbraten
4–5 Scheiben Frühstücksspeck, fein gewürfelt
1 Schalotte, fein gewürfelt
30 g Butter
1 dl heller Kalbsfond (siehe Seite 191)
Salz, Pfeffer, Sojasauce
1 rote Paprika, enthäutet und fein gewürfelt
Schnittlauch, fein geschnitten

Spargel schälen, die Enden ab- und die Stangen schräg in Scheiben schneiden. In Traubenkernöl scharf anbraten. Butter, Speck- und Schalottenwürfel zugeben. Einige Sekunden weiterbraten. Wenn der Spargel etwas Farbe hat, mit dem Kalbsfond ablöschen und ein paar Sekunden durchschwenken. Mit Salz, Pfeffer und einigen Tropfen Sojasauce abschmecken. Der Fond sollte nun die Konsistenz einer Sauce haben, die die Spargelstücke schön glänzen läßt. Am wichtigsten bei dieser Zubereitung: Der Spargel muß knackig bleiben.

Auf Tellern anrichten, mit rotem Paprika und Schnittlauch garnieren.

Die Idee zu dem Rezept stammt aus der Küche der Chinesen, die nach dieser Methode im Wok wunderbare Gemüsegerichte zubereiten. Wenn die Spargelsaison vorbei ist, eignen sich Brokkoli, Sojasprossen, Kaiserschoten und so weiter genauso gut.

GAREN IN PERGAMENT

Saiblingsfilet in Pergament

Vier Portionen

Abbildung Seite 130 / 131

2 Saiblinge à 500 g
Salz, Pfeffer
2 Fleischtomaten
60 g Karotten, in feinen Streifen
60 g Lauch, in feinen Streifen
40 g Sellerie, in feinen Streifen
Saft von einer halben Zitrone
200 g Champignons, in feinen Streifen
6 Basilikumblätter, in feinen Streifen
40 g Butter
1 dl Fischfond (Grundrezept siehe Seite 191)

Die Saiblinge filetieren, die seitlichen Gräten mit einer Pinzette herausziehen, die Filets mit Salz und Pfeffer würzen.

Die Tomaten schälen, entkernen und das Fruchtfleisch in Würfel schneiden. Die Gemüsestreifen (außer Pilzen) 30 Sekunden blanchieren und in Eiswasser abschrecken; den Sellerie vorher mit Zitronensaft beträufeln, damit er seine Farbe behält. Die Gemüse auf einem Sieb abtropfen lassen.

In einer warmen Pfanne Tomatenwürfel, Gemüse-, Champignon- und Basilikumstreifen mit Butter und Fischfond mischen. Mit Salz und Pfeffer abschmecken.

Vier Pergamentbogen in der Mitte knicken und auf je eine Hälfte etwas von der Gemüsemischung geben. Darauf die Saiblingsfilets legen und mit etwas Gemüse bedecken. Das Papier schließen, die Ränder sorgfältig und fest einschlagen.

In den 220 Grad heißen Ofen legen und acht Minuten garen. Das Pergamentpapier soll sich in dieser Zeit schön aufblähen und an der Oberseite anfangen goldbraun zu werden.

Die Pergament-»Pakete« auf einer Platte anrichten und am Tisch mit einem Messer das Papier aufschneiden und die Saiblingsfilets auf vorgewärmten Tellern anrichten.

KOCHEN IN FOLIE

Enten-Entchen »Le Gourmet«

Vier Portionen

Abbildung Seite 132 / 133

4 Entenkeulen
100 g frische Gänseleber
Salz, Pfeffer
2 l Kalbs- oder Geflügelfond (siehe Seite 191)
Öl zum Anbraten
Kartoffelpüree
Grüne Lauchblätter

Für die Sauce:

¼ l kräftiger, trockener Rotwein
⅛ l brauner Fond vom Geflügel (siehe Seite 191)
20 g Trüffelwürfel

Die Entenkeulen vorsichtig und mit möglichst viel Haut von den Enten lösen, damit genügend Platz zum Füllen der Keulen vorhanden ist. Den Oberschenkel- und die Hälfte des Unterschenkelknochens auslösen; den Unterschenkelknochen abhacken (Vorsicht, auf Splitter achten). Den Fuß schräg so abtrennen, daß er einem Entenschnabel ähnelt.

Die Keulen mit Gänseleber füllen (siehe Foto), salzen, pfeffern und zu kleinen »Enten« formen. In kräftige Alufolie wickeln und darauf achten, daß die Keulen ihre Form behalten. Den Rand der Folie fest zusammendrehen. In den Geflügel- oder Kalbsfond geben und circa 40 Minuten kochen.

Aus der Folie nehmen und die Keulen kurz in Öl anbraten, damit die Haut schön kroß wird.

Die Pfanne vom Braten der Keulen mit dem Rotwein (ein Châteauneuf-du-Pape eignet sich zum Beispiel gut) ablöschen, die Geflügelsauce dazugeben und zur gewünschten Konsistenz einkochen. Abschmecken und vor dem Anrichten die Trüffelwürfel in die Sauce rühren.

Die Enten-Entchen auf einem Ring aus Kartoffelpüree anrichten, mit der Sauce übergießen und mit einem zum Entenschwanz geschnittenen Fächer aus grünem Lauch garnieren.

Vakuumgegarte Fasanenbrust mit Sauerkraut im Schweinenetz

Vier Portionen

Abbildung Seite 134

4 Brüste von jungen Fasanen
Salz, Pfeffer
8 Wacholderbeeren
4 kleine Plastiktüten
1 Schweinenetz (vom Metzger)
500 g Sauerkraut, gekocht
(Zubereitung siehe Seite 174 – Grammelknödel)

Für die Sauce die Knochen der beiden Fasanen in kleine Stücke hacken und daraus einen braunen Wildfond kochen (siehe Kalbsfond-Rezept auf Seite 191). Den Fond zur Sauce einkochen und abschmecken.
Das nach dem Rezept auf Seite 174 zubereitete Sauerkraut in vier Teile teilen und jeweils in Schweinenetz einschlagen. In den 220 Grad heißen Ofen geben und 25 Minuten backen.
Die Fasanenbrüste leicht mit Salz, Pfeffer und den fein gehackten Wacholderbeeren würzen. Jede Brust in eine kleine Plastiktüte stecken und vakuumieren.
Drei Liter Wasser im Topf auf circa 75 Grad erwärmen, die Plastiktüten hineinlegen und darauf achten, daß die Brüste mit Wasser gut bedeckt sind. 25 bis 30 Minuten ziehen lassen, dann ist das Fleisch optimal zart und saftig.
Die Fasanenbrüste in längliche Scheiben aufschneiden und mit dem Sauerkraut anrichten. Mit etwas Sauce umgießen.

Perlhuhnbrust im Speckmantel auf Sahnelauch

Vier Portionen

Abbildung Seite 135

4 Perlhuhnbrüste, ausgelöst und ohne Haut
20 Scheiben geräucherter und gekochter Frühstücksspeck, sehr dünn aufgeschnitten
4 Vakuumbeutel
1 große Stange Lauch
50 g Butter
½ l Sahne
Salz, Pfeffer
2 Tomaten, geschält und entkernt
¼ l brauner Geflügelfond (siehe Seite 191)

Die Perlhuhnbrüste mit dem Speck sehr sorgfältig einwickeln (siehe Foto), fest und rund in Klarsichtfolie rollen. Jede Rolle in einen Beutel stecken und einzeln vakuumieren.
Wasser auf genau 75 Grad erhitzen und die Perlhuhnbrüste darin 20 Minuten pochieren.
Den Lauch waschen, in Scheiben schneiden und in Butter anschwenken. Mit der Sahne aufgießen und einkochen, bis die Sahne sämig wird. Mit Salz und Pfeffer abschmecken.
Die Tomaten würfeln und kurz andünsten.
Für die Sauce den Geflügelfond um die Hälfte einkochen und abschmecken.
Die Perlhuhnbrüste auspacken und schräg in Scheiben schneiden. Auf dem Lauch anrichten und mit der Sauce umgießen. Mit den Tomatenwürfeln dekorieren.

Marmorbraten von der Lammkeule

Sechs Portionen

Abbildung Seite 136 / 137

1 Lammkeule, ohne Haxe, ca. 1 kg, vom Metzger ausgelöst
1 elastisches Bratennetz
1 Bund Petersilie
1 Bund Estragon
1 Bund Basilikum
2 frische Thymianzweige
1 Bund Schnittlauch
3 Knoblauchzehen
1 Handvoll Weißbrotbrösel (Toastbrot ohne Rinde, frisch gerieben)
Salz, Pfeffer
Olivenöl zum Anbraten

Für die Kräutersauce:
Zubereitung siehe Seite 180 – Krautwickel

Für die Beilage:
Ratatouille (Zubereitung siehe Seite 180 – Krautwickel)

Die komplett ausgelöste Keule von allen Sehnen und Fettansätzen befreien.
Von den Kräutern die Stiele entfernen und alle Blätter sehr fein hacken, den Schnittlauch fein schneiden. Den Knoblauch fein hacken. Kräuter, Knoblauch und Brösel mischen. Die einzelnen Fleischstücke salzen, pfeffern und in der Kräuter-Mischung wenden. Die Keule zu ihrer ursprünglichen Form zusammensetzen und in das elastische Netz drücken. Man kann die Keule auch mit einer Schnur binden, aber meist wird – trotz vielen Bindens – die Form nicht so schön.
Die Keule in Olivenöl ringsum anbraten. Wenn sie außen eine schöne Farbe hat, in den exakt 75 Grad heißen Ofen stellen und mindestens 90 Minuten garen. In den nächsten zwei bis drei Stunden ist der Braten optimal servierbereit.
Die Keule in Scheiben aufschneiden, mit der Kräutersauce und Ratatouille anrichten.
Der Marmorbraten zählt zu den weniger anspruchsvollen, relativ einfachen Zubereitungen; durch zweierlei bekommt mein Rezept aber seine besondere Qualität: Durch das Auslösen der Keule entsteht die Möglichkeit, Sehnen und überflüssiges Fett zu entfernen; an die Stelle von Fett und Sehnen treten Kräuter und Gewürze – entsprechend optimal wird der Geschmack. Durch das Niedertemperaturgaren (bei 75 Grad) wird jeder Millimeter Fleisch gleichmäßig rosa, jedes Stückchen gleich saftig (vergleiche dazu auch die Beschreibung beim Ochsenkotelett auf Seite 188).

NIEDERTEMPERATURGAREN

Niedertemperaturgaren am Beispiel Ochsenkotelett

Abbildung Seite 138 / 139

Die noch immer relativ wenig bekannte Garmethode eignet sich für alle hochwertigen Fleischstücke. Mit dem Niedertemperaturgaren kann man risikolos und wirklich optimal Fleisch perfekt »auf den Punkt« zubereiten. Weil die Temperatur niedrig ist (und bleibt), gibt es keinen trokkenen, grauen Rand; aus gleichem Grund schadet es nicht, wenn das Fleisch eine Stunde länger im Ofen bleibt, mehr als rosa kann es nicht werden.

Voraussetzung für das Gar-Vergnügen ist ein sensibler Elektroherd ohne Umluft, der die Temperatur präzise zwischen 70 und 80 Grad hält. Das muß vor dem ersten 75-Grad-Versuch mit einem exakten Thermometer kontrolliert werden, denn schon bei fünfzehn Grad mehr ist ein kleines Stück Fleisch nach wenigen Minuten total »durch«. Gas- und Heißluftherde sind nicht geeignet, sie haben zuviel Luftzug, der trocknet das Fleisch außen zu stark ab.

Für das Niedertemperaturgaren eignen sich Filet, Lende und Hüfte von Rind, Kalb, Reh, Hirsch, Lamm etcetera; Fasanen-, Poularden- und Entenbrüste. Auch Nieren lassen sich gut zubereiten.

Für die Zubereitung gilt generell: Das Stück Fleisch – hier das Ochsenkotelett (circa 500 Gramm pro Portion) – nach Geschmack würzen und kurz in geklärter Butter anbraten. Auf einem Teller oder einem passenden Blech in den Ofen stellen. Bei Portionsstücken hat sich die Mindestgarzeit von 35 Minuten bewährt; bei größeren Stücken gilt die Faustregel: eine Stunde pro Kilogramm.

Vor dem Servieren das Fleisch noch einmal in heißer Butter anbraten. Das Ochsenkotelett vom Knochen lösen und aufschneiden; mit Blattspinat, Karotten und etwas Kalbsjus anrichten.

GRATINIEREN

Gratinierte Käseplatte

Vier Portionen

Abbildung Seite 140 / 141

40 g milder Reblochon, ohne Rinde
40 g milder Ziegenkäse oder frischer Crottin, ohne Rinde
40 g Kräuterkäse oder Gaperon (ohne Rinde)
40 g Roquefort oder milder Fourme d'Ambert, ohne Rinde
40 g reifer Brie oder Camembert, ohne Rinde
40 g Munster, ohne Rinde
40 g Pont l'Évêque, ohne Rinde
Rosmarin, Schnittlauch
Pfeffer aus der Mühle

Die Käse gleichmäßig auf vier ofenfeste Teller verteilen und im Salamander oder bei starker Oberhitze so lange überbacken, bis die Käse geschmolzen sind und eine goldbraune Farbe haben. Herausnehmen, auf kalte Unterteller stellen, mit Kräutern und Pfeffer nach Geschmack würzen.

ZWISCHENGERICHTE

Schweinsfüße mit Morcheln nach Paul Hagmann

Vier Portionen

Abbildung Seite 144 / 145

4 kg Schweinsfüße
Salz
3 l Wasser
1 Bouquet garni (150 g Karotten, 150 g Zwiebeln, 150 g Lauch, 150 g Sellerie)
½ l Weißwein
½ l Crème double
20 g getrocknete Morcheln, eine Stunde eingeweicht
50 g Butter
Salz, Pfeffer, Sherryessig
½ Gurke, geschält, entkernt und geschnitten
⅛ l geschlagene Sahne

Die Schweinsfüße in kochendem Salzwasser blanchieren und mit kaltem Wasser abschrecken. Wasser salzen, mit dem Bouquet garni aufkochen, die Schweinsfüße hineingeben und circa drei Stunden weichkochen. Das Fleisch von den Knochen lösen, in Streifen schneiden und warm stellen.

Einen Liter vom Kochfond der Schweinsfüße mit dem Weißwein um die Hälfte einkochen, die Crème double dazugeben und so lange reduzieren, bis die Sauce eine cremige Konsistenz hat. Die Morcheln hineingeben und einige Minuten köcheln. Vor dem Servieren mit der Butter montieren. Mit Salz, Pfeffer und Sherryessig abschmecken. Zuletzt die Gurken und die Schweinsfußstreifen in die Sauce geben und mit der geschlagenen Sahne verfeinern.

Pochierte Fasaneneier auf Rahmspinat mit schwarzen Trüffeln nach Eckart Witzigmann

Vier Portionen

Abbildung Seite 146 / 147

12 Fasaneneier
2 l Wasser
Salz, Estragonessig
500 g junger Blattspinat
1 dl heller Kalbsfond (siehe Seite 191)
¼ l Sahne
25 g Butter
Salz, Pfeffer, Muskat
1 schwarze Trüffel à 50 g

Den Spinat putzen und die Stiele abschneiden. Den Kalbsfond in einen Topf schütten und den Spinat zugeben. Wenn der Fond kocht, den Topf zudecken und den Spinat vier Minuten kochen. Im Mixer pürieren und mit der Sahne verfeinern. Noch ein paar Minuten kochen und die Butter einrühren. Mit Salz, Pfeffer und Muskat abschmecken.
Das Wasser aufkochen, mit Salz und etwas Estragonessig abschmecken. Die Fasaneneier aufschlagen und einzeln pochieren (circa vier Minuten ziehen lassen, nicht kochen). Vorsichtig einlegen, damit die Eier nicht zu stark zerlaufen.
Den Rahmspinat auf Suppenteller verteilen, darauf die pochierten Eier anrichten und mit dünnen Trüffelscheiben belegen. Als Garnitur rund um den Spinat je einen Ring aus Crème fraîche und reduziertem braunen Kalbsfond spritzen.
Fasaneneier sind eine Rarität, die man – wenn überhaupt – nur Anfang Juni von einigen Züchtern bekommt.

Weißwurst von Meeresfrüchten nach Claude Deligne

Vier Portionen

Abbildung Seite 148 / 149

250 g Fisch, ohne Haut und Gräten oder Fleisch von Meeresfrüchten, zum Beispiel Zander, Lotte, Steinbutt oder Hummerkrabben, Langustinen, Scampi, 3 Eiweiß, ¼ l Sahne, Salz, Pfeffer
Schnittlauch, fein geschnitten
Schafsaitlinge (beim Metzger bestellen)

Für die Senfsauce:
¼ l heller Fond vom Fisch (siehe Seite 191)
¼ l Sahne
1 dl trockener Weißwein
50 g Butter
2 TL grober Dijon-Senf oder »Moutarde de Meaux«
Salz, Pfeffer

Für das Gemüse:
3 Schalotten, fein gehackt
30 g Butter
300 g junge Wirsingblätter, geschnitten
⅛ l heller Kalbsfond (siehe Seite 191)
⅛ l Sahne, Salz, Pfeffer

Für das Tomatenconcassée:
2 Schalotten, fein geschnitten
½ Knoblauchzehe, fein geschnitten
30 g Butter
3 Tomaten, geschält, entkernt und in Würfel geschnitten
Salz, Pfeffer
Basilikumblätter, fein geschnitten

Fische oder Meeresfrüchte durch die feine Fleischwolfscheibe drehen. In einen Küchencutter geben und mixen, dabei langsam Eiweiß und Sahne zugeben. Die Zutaten vor der Zubereitung gut kühlen, damit die Farce nicht gerinnt. Mit Salz und Pfeffer abschmecken. Schnittlauch unterheben.
Fischfarce mit einer Spritztülle in die Saitlinge füllen, Zehn-Zentimeter-Stücke abdrehen und in Salzwasser vier Minuten pochieren. Abschrecken, Haut abziehen.
Für die Sauce Fischfond, Sahne und Weißwein einkochen. Mit Butter montieren, den Senf einrühren und abschmecken. Vor dem Servieren kurz aufmixen.
Für das Gemüse die Schalotten in Butter anschwitzen, den geschnittenen Wirsing dazugeben und einige Minuten dünsten. Mit dem Kalbsfond ablöschen und mit der Sahne aufgießen. Den Wirsing zugedeckt langsam weichdämpfen. Für das Concassée Schalotten und Knoblauch in Butter andünsten, vor dem Anrichten die Tomatenwürfel dazugeben, kurz schwenken, mit Salz, Pfeffer und Basilikum abschmecken.
Enthäutete »Weißwürste« im Dampf erwärmen, auf Wirsing anrichten und mit Senfsauce nappieren. Mit Tomatenwürfeln garnieren.

St. Pierre mit Sardellenfilets gespickt nach Jean Marie Meulien

Vier Portionen

Abbildung Seite 150 / 151

1 frischer St. Pierre, etwa 1,5 kg
15 schöne Sardellenfilets
Salz, Pfeffer
1 Bund wilder Fenchel, getrocknet
4 cl Pernod

Für die Beilagen:
Salzkartoffeln
Zerlassene Butter

Den Fisch ausnehmen, gründlich waschen und mit Hilfe eines spitzen, kleinen Messers mit den Sardellenfilets spicken. Mit Salz (vorsichtig, denn die Sardellen sind bereits salzig) und Pfeffer würzen.
Eine große Pfanne mit dem wilden Fenchel auslegen, den Fisch darauf legen, in den 220 Grad heißen Ofen stellen und etwa 25 Minuten garen. Wenn der Fisch etwas Farbe hat, mit dem Pernod flambieren und mit Folie zugedeckt noch einige Minuten im Ofen ziehen lassen.
Den Fisch auf einer Platte im ganzen anrichten und direkt am Tisch tranchieren. Mit zerlassener Butter und Salzkartoffeln servieren.

Überbackene Lammkoteletts nach Siegfried Schaber

Vier Portionen

Abbildung Seite 152 / 153

8 Lammkoteletts
Salz, Pfeffer
Butter zum Braten

Für die Pilzfarce:
200 g Pilze (Champignons, Egerlinge oder Austernpilze)
3 Schalotten, fein geschnitten
30 g Butter
1 EL Petersilie, gehackt
Salz, Pfeffer

Für die Hollandaise:
¼ l trockener Weißwein
1 EL Estragonessig
2 mittelgroße Schalotten, fein geschnitten
Einige Pfefferkörner
1 Estragonzweig
3 Eigelb
150 g Butter
Salz, Pfeffer, Worcestersauce

Für die Sauce:
¼ l brauner Lammfond (Zubereitung wie brauner Kalbsfond auf Seite 191, anstelle der Kalbs- werden Lammknochen verwendet)
Gehackte Kräuter, je 1 TL Petersilie, Schnittlauch, Basilikum, Estragon etc.

Für die Beilagen:
Kleine Saisongemüse, zum Beispiel Kaiserschoten, Frühlingszwiebeln, junge Karotten und Bohnen, mit Kalbsfond glacierte junge Kartoffeln

Die Pilze fein hacken. Die Schalotten in Butter glasig anschwitzen, die Pilze zugeben und unter Rühren kochen lassen, bis alle Flüssigkeit verdampft ist. Die gehackte Petersilie zugeben, mit Salz und Pfeffer abschmecken.
Für die Hollandaise den Weißwein mit Essig, Schalotten, Pfefferkörnern und Estragonzweig um zwei Drittel einkochen und durch ein feines Sieb passieren. Die Butter in einem Topf zerlaufen lassen und so lange erhitzen, bis sich die Molke am Topfboden abgesetzt hat. Vom Herd nehmen und etwas abkühlen lassen, sie darf bei der weiteren Verwendung nur noch lauwarm sein.
Die Weißwein-Reduktion zusammen mit den Eigelb in einen Kessel geben, mit dem Schneebesen im Wasserbad steif-cremig aufschlagen. Vorsichtig, viel rühren, weil die Eigelb leicht stocken – dann gibt es Rühreier statt Hollandaise.
Vom Herd nehmen und die zerlassene Butter einrühren, mit Salz, Pfeffer und Worcestersauce abschmecken.
Die Lammkoteletts mit Salz und Pfeffer würzen, von beiden Seiten in Butter kurz und scharf anbraten. Aus der Pfanne nehmen und auf ein Backblech legen. Die Koteletts mit der Pilzfarce bestreichen und mit der Hollandaise überziehen. Bei starker Oberhitze, unter dem Grill oder im Salamander überbacken.
Für die Sauce den Lammfond um die Hälfte einkochen, die gehackten Kräuter einrühren und abschmecken.
Die Lammkoteletts auf Tellern anrichten und mit der Sauce umgießen. Mit den in Butter geschwenkten Gemüsen garnieren.
Das Originalrezept hat mein Lehrmeister Siegfried Schaber mit Kalbslende zubereitet.

Lammrücken in Blätterteig nach Paul Haeberlin

Vier Portionen

Abbildung Seite 154 / 155

500 g ausgelöster Lammrücken, ohne Fett und Sehnen
Salz, Pfeffer
Butter zum Anbraten
300 g Blätterteig
Eigelb zum Einstreichen

Für die Farce:
100 g feines, weißes Kalbsbrät, vom Metzger
50 g Sahne
30 g Butter
2 Schalotten, fein geschnitten
150 g Steinpilze, fein gewürfelt
Salz, Pfeffer
4 schöne Wirsingblätter, blanchiert

Für die Sauce:
¼ l brauner Kalbsfond (siehe Seite 191)
Trockener Madeira
50 g schwarze Trüffeln, fein gehackt
Trüffelfond
30 g Butter

Für die Garnitur:
1 grüne Zucchini
1 gelbe Zucchini
Olivenöl zum Braten
Salz, Pfeffer

Für die Farce das kalte Kalbsbrät mit der kalten Sahne langsam mischen. Die Schalotten in Butter andünsten, die Pilzwürfel dazugeben und einköcheln. Abkühlen, mit dem Kalbsbrät verrühren und abschmecken.
Den Lammrücken in vier Portionen teilen, würzen und in Butter kurz anbraten.
Die Wirsingblätter ausbreiten, mit der Farce einen halben Zentimeter dick bestreichen und den Lammrücken darauflegen. Das Fleisch in die Blätter einwickeln und überflüssige Wirsingstücke abschneiden.
Den Blätterteig drei Millimeter dick ausrollen, die Wirsingpakete in vier Teigstücke einschlagen und zwei Stunden ruhen lassen.
Den Lammrücken im auf 210 Grad vorgeheizten Ofen 18 Minuten backen.
Für die Sauce den Kalbsfond um die Hälfte einkochen, die Trüffelwürfel, einen Schuß Madeira und den Trüffelfond zugeben. Einige Minuten kochen lassen und vor dem Anrichten mit der Butter montieren.
Die Zucchini in Scheiben schneiden und kurz in Olivenöl braten. Abtropfen lassen, mit Salz und Pfeffer würzen.
Die Blätterteigpakete in der Mitte aufschneiden, auf der Trüffelsauce anrichten und mit Zucchinischeiben garnieren.

Grundzubereitungen

Vinaigrette

Vier Portionen

2 EL kaltgepreßtes Olivenöl
1 EL Traubenkernöl
1 TL Walnußöl
1 TL Sherryessig
1 TL Aceto Balsamico
Salz, Pfeffer
1 EL Petersilie, sehr fein gehackt
Saft einer viertel Zitrone
Salz, Pfeffer

Die Zutaten mit dem Schneebesen gut verrühren und abschmecken.

Weißweinsauce

Für einen halben Liter

2 Schalotten, geschält und fein gehackt
1 kleine Karotte, geschnitten
100 g Lauch, nur das Weiße, geschnitten
50 g Sellerie, geschält und gewürfelt
300 g Fischabschnitte (Gräten, Parüren von weißen Edelfischen wie z. B. Heilbutt, Steinbutt, Lotte, Hecht, Forelle etc.), gesäubert
ca. 50 g Butter
1 dl Noilly Prat (extra trockener Vermouth)
¼ l trockener Weißwein
½ l Wasser
Salz, Pfeffer, Cayenne
1 kleiner Strauß Petersilie
1 Spritzer Zitrone
¼ l Crème double

Die vorbereiteten Gemüse mit den Fischabschnitten in einem Teil der Butter anschwitzen. Mit Noilly Prat ablöschen, mit Weißwein und Wasser auffüllen. Aufkochen und abschäumen.
Die Gewürze zugeben, etwa 20 Minuten ziehen (nicht sprudelnd kochen) lassen und durch ein feines Tuch passieren. Den Sud mit der Crème double aufkochen und so lange langsam einkochen, bis die Sauce die gewünschte Konsistenz hat.
Abschmecken und vor dem Anrichten mit dem Mixstab aufschlagen, dabei gegebenenfalls noch etwas Butter untermontieren.

Brauner Fond vom Kalb, Lamm, Geflügel oder Wild

Für einen Liter

1,5 kg Kalbsknochen, in Drei-Zentimeter-Stücke gehackt
1 dl Pflanzenöl zum Anbraten
2 Zwiebeln, gewürfelt
2 Karotten, gewürfelt
½ Sellerieknolle, gewürfelt
½ Lauchstange, in Scheiben
1 Knoblauchzehe
1 Flasche trockener, kräftiger Rotwein
2 l Wasser
1 Rosmarinzweig
1 Thymianzweig
1 Lorbeerblatt
Einige Pfefferkörner, zerdrückt

Die Knochen in Öl anbraten, dabei immer wieder umrühren, damit nichts anbrennt (geht am besten im Backofen). Wenn die Knochen goldbraun sind, alle Gemüse dazugeben und rösten. Weiter rühren, bis die Gemüse schön braun sind. Mit dem Rotwein ablöschen und mit einem Holzspatel den Bratensatz vom Pfannenboden lösen. Das Wasser angießen und die Gewürze zugeben. Vier Stunden sanft köcheln lassen, zwischendurch immer wieder entfetten. Sollte der Flüssigkeitsspiegel unter die oberen Knochen sinken, etwas Wasser nachfüllen. Am Ende der Kochzeit den Fond durch ein feines Sieb passieren und weiter einkochen. Dann wieder durch ein feines Tuch passieren und – wenn erforderlich – abschäumen und entfetten. Auf einen Liter einkochen und kalt stellen.
Nach diesem Grundrezept lassen sich auch andere Fonds herstellen: je nach den verwendeten Knochen zum Beispiel Lammfond, Geflügelfond, Wildfond.

Heller Fond vom Kalb oder Geflügel

Für einen Liter

1,5 kg Kalbsknochen, in kleine Stücke gehackt
2 l Wasser
1 Zwiebel, mit Nelke und Lorbeer gespickt
2 Karotten, in Scheiben
½ Sellerieknolle, gewürfelt
1 Stange Lauch, grob geschnitten
1 Bund Petersilie
1 Thymianzweig
½ l trockener Weißwein
Einige Pfefferkörner, zerstoßen

In einem großen Topf die Knochen mit dem Wasser aufkochen und abschäumen. Alle anderen Zutaten dazugeben und drei bis vier Stunden sanft köcheln lassen. Hin und wieder entfetten. Am Ende der Kochzeit durch ein Tuch passieren und kalt stellen.
Für einen Geflügelfond anstelle der Kalbsknochen Geflügelknochen verwenden.

Fischfond

Für einen Liter

500 g Gräten und Abschnitte von weißen Edelfischen
100 g Sellerie, in Scheiben
100 g Schalotten, in Scheiben
100 g Karotten, in Scheiben
100 g Lauch, nur das Weiße
1 Flasche trockener Weißwein
½ l Wasser
Einige Pfefferkörner, Salz

Alle Zutaten in einem Topf aufkochen und eine halbe Stunde leicht köcheln lassen. Öfter abschäumen und zum Schluß vorsichtig durch ein feines Tuch passieren.

Brühe und Kraftbrühe

Zehn Portionen/zwei Liter

2 kg Rinderknochen, fein gehackt
200 g Sellerie
200 g Lauch
200 g Karotten
100 g Petersilienwurzel
2 Zwiebeln
Lorbeer, Pfefferkörner
Knoblauch nach Geschmack

Zum Klären der Brühe:
400 g mageres Rindfleisch
80 g Sellerie
80 g Karotten
80 g Lauch
2 Bund Petersilie
2 Bund Schnittlauch
6 Eiweiß
Salz

Die Knochen fünf Minuten in kochendem Salzwasser blanchieren, abgießen und unter kaltem Wasser den Schaum abwaschen. Die Knochen mit circa drei Liter kaltem Wasser aufsetzen und aufkochen. Die grob geschnittenen Gemüse und Gewürze zugeben. Drei Stunden sanft köcheln, während der Kochzeit öfter abschäumen und entfetten. Die Brühe durch ein feines Tuch passieren und kalt werden lassen.
Zum Klären der Brühe zur Kraftbrühe das Rindfleisch mit den Gemüsen, der Petersilie und dem Schnittlauch durch die mittlere Scheibe des Fleischwolfs drehen und mit den Eiweiß mischen. Diese Masse in die kalte Brühe geben und unter leichtem Rühren aufkochen. Nicht mehr rühren und eine halbe Stunde ziehen lassen. Salzen, durch ein Tuch passieren und kaltstellen.

Verzeichnis der Rezepte